KB266079

중소기업이
중견기업으로

중소기업이
중견기업으로

초판 1쇄 발행 2026년 2월 10일

지은이   양성남
펴낸이   이기봉
편집   좋은땅 편집팀
펴낸곳   도서출판 좋은땅
주소   서울특별시 마포구 양화로12길 26 지월드빌딩 (서교동 395-7)
전화   02)374-8616~7
팩스   02)374-8614
이메일   gworldbook@naver.com
홈페이지   www.g-world.co.kr

ISBN   979-11-388-5399-6 (03320)

중소기업이
중견기업으로

양성남 저

좋은땅

AI 시대, 중소기업이 중견기업으로 도약하는 생존 공식

세상은 지금 거대한 변곡점을 지나고 있습니다. 어제의 성공 공식이 더 이상 통하지 않고, 과거의 방식으로는 미래를 보장할 수 없으며, 기술, 데이터, 그리고 인공지능(AI)은 이제 산업의 질서와 경쟁의 규칙을 완전히 바꾸어 놓았습니다.

AI는 더 이상 일부 기술기업의 영역이 아닙니다. 이제 AI는 모든 기업의 생존과 경쟁력을 좌우하는 핵심 엔진이 되었습니다. 단순한 자동화를 넘어 인간의 사고와 판단을 능가하는 범용 인공지능(AGI)의 시대가 다가오면서, 우리는 더 이상 '변화에 적응하는 시대'에 살고 있지 않습니다. 이제는 변화 그 자체를 경영해야 하는 시대에 살고 있습니다.

특히 중소기업이 중견기업으로 나아가는 문턱은 '성장의 함정(Death Valley)'과 같습니다. 중견기업으로 전환되면 정책적 보호막이 축소되고 무한 경쟁에 노출되기에, 기업은 규모보다 민첩함과 실행력, 그리고 장기적인 전략을 갖추어야 합니다.

이 책은 50여 년간 산업 현장에서 회계, 경영관리, CFO[Chief Financial

Officer: 최고재무책임자], 기획조정 업무를 수행하며 다수 기업의 인수(M&A-Mergers & Acquisitions: 인수합병), 성장, 구조조정, 매각 업무를 직접 경험한 저자의 실전 노하우를 집대성한 안내서입니다. 학문적 이론을 넘어, 현장에서 기업의 성패를 가르는 본질적인 질문들, 즉 급변하는 VUCA[변동성(Volatility), 불확실성(Uncertainty), 복잡성(Complexity), 모호성(Ambiguity)]환경 속에서 '무엇을 할 것이며, 무엇을 하지 않을 것인가'에 대한 전략적 선택의 본질을 다룹니다.

저자는 M&A(인수합병)가 중소기업에서 중견기업으로 가는 가장 빠른 길이라고 믿으며, 성공적인 M&A(인수합병)를 위한 전략적 접근과 인수 후 통합(PMI)의 중요성을 강조합니다. 나아가, 경영 성패를 결정하는 '기본 준수'와 '디테일 경영'의 위력을 실제 사례를 통해 논하며, 기업의 성장을 위한 시스템 구축의 중요성을 역설합니다.

중소기업이 생존을 넘어 도약으로 나아가기 위해 반드시 갖춰야 할 핵심 요소들은 다음과 같습니다.

- **명확한 비전과 전략:** VUCA(Volatility, Uncertainty, Complexity, Ambiguity) 환경 속에서 기업의 방향을 설정하고 한정된 자원을 효율적으로 배분하는 나침반이 필요합니다.
- **객관적인 시장 분석:** PEST[정치적(Political), 경제적(Economic), 사회적(Social), 기술적(Technological)], 마이클 포터가 제안한 산업구조 분석 도구인 5-Forces(신규 진입자의 위협, 대체재의 위협, 공급자의 위협, 공급자의 교섭력, 구매자의 교섭력, 기존 기업 간 경쟁)와 SWOT 분석을 통해 외부 환경의 기회와 위협을

선제적으로 식별하고 기업의 위치를 정확히 파악해야 합니다.

- **지속 가능한 경쟁 우위:** 원가 우위 또는 차별화 우위 중 하나를 명확히 선택하고, 특허 기술, 브랜드 로열티와 같은 모방 불가능한 진입 장벽을 구축해야 합니다.
- **M&A(인수합병)를 통한 도약:** 기업 성장의 한계를 돌파하고, 기술 획득 및 시너지 효과를 극대화하기 위한 체계적인 인수 전략과 철저한 PMI[Post-Merger Integration: 인수합병 사후 통합] 실행이 중요합니다.
- **핵심 역량과 기술 혁신:** AI, 빅데이터 등 첨단 기술을 비즈니스 모델에 통합하고 R&D 시스템을 최적화하여 기술 주도적 변화에 대응해야 합니다.
- **철저한 기본 준수와 디테일:** 자금 운용 관리와 같은 재무 리스크 관리부터, 작은 것들이 큰 차이를 만든다는 인식 아래 세심한 프로세스 점검과 기업 문화 혁신을 통해 경쟁력을 제고해야 합니다.

AI 시대의 변화는 위협이 아닌 기회입니다. AI 기술을 얼마나 잘 이해하고 경영의 핵심 동력으로 통합하느냐가 기업의 성패를 가르는 결정적 요인이 될 것입니다. 이 책에 담긴 실전 전략과 현장의 교훈을 통해 독자 여러분의 기업이 급변하는 시장에서 생존을 넘어 중견기업으로 굳건히 성장하는 길을 찾기를 바랍니다.

기업이 성장하기 위해서는 기본 요소들을 고려하여 지속적인 노력과 전략적인 접근이 필요하겠습니다.

또한, 최대한 주의하여 이 책의 내용을 확인했음에도, 혹시 빠진 부분이나 잘못된 내용 등이 있다면 양해해 주시길 바라며, 다음 기회에 지적해 주신 부분을 감사한 마음으로 고쳐 나갈 것을 약속합니다.

감사합니다.

목차

1부

생존을 위한 전략 수립의 기본

생존을 위한 전략 수립의 기본은 기업이 외부 환경의 변화에 대응하고 장기적으로 생존하기 위해 필요한 전략적 사고의 기초와 프레임워크에 중점을 둡니다.

Part 1. 전략의 기초 및 프레임워크 확립

왜 전략인가: 기업 생존의 필수 조건으로서 전략

기업이 단순히 '열심히' 일하는 것을 넘어 장기적으로 생존하고 성장하기 위해서는 명확한 전략이 필수적이며, 이 섹션은 왜 전략적 사고가 기업경영의 중심이 되어야 하는지 그 필요성과 본질을 다룹니다.

전략적 사고의 필요성: 급변하는 시장 환경(VUCA) 속에서의 방향 설정

우리가 살고 있는 현대 경영 환경은 VUCA라는 약자로 대표됩니다.

- Volatility(변동성): 시장 수요와 경쟁 구도의 예측 불가능한 변화
- Uncertainty(불확실성): 미래의 결과에 대해 확신할 수 없는 상황

- **C**omplexity(복잡성): 다양한 요소가 얽혀 발생하는 문제
- **A**mbiguity(모호성): 정보의 의미와 해석이 명확하지 않은 상태

VUCA(Volatility, Uncertainty, Complexity, Ambiguity) 환경에서는 단순히 어제보다 오늘 더 효율적으로 운영하는 것('운영 효율성')만으로는 부족하며, 전략적 사고는 이러한 혼란 속에서 "우리가 가야 할 궁극적인 목적지는 어디인가?"라는 질문에 답하고, 자원을 집중할 장기적인 방향(Long-term Direction)을 설정하는 나침반 역할을 하고, 전략이 없으면 기업은 환경 변화에 휩쓸려 에너지와 자원을 낭비하게 됩니다.

'전략'의 정의와 오해: 전술(Tactics)과 전략(Strategy)의 명확한 구분 및 기업 내에서의 전략적 역할

많은 기업이 '전략'과 '전술'을 혼동하며, 이 둘을 명확히 구분하는 것이 전략적 사고의 출발점입니다.

구분	전략(Strategy)	전술(Tactics)
목표	장기적인 목표 달성을 위한 방향과 청사진	단기적인 목표 달성을 위한 구체적인 행동 방안
질문	"무엇을 할 것이며, 무엇을 하지 않을 것인가?"	"그 일을 어떻게 가장 잘 수행할 것인가?"
예시	프리미엄 시장에서 차별화된 기술로 경쟁 우위를 확보한다.	SNS를 통한 신제품 출시 프로모션 이벤트를 진행한다.

- **전략의 기업 내 역할**: 전략은 단순히 경영진의 몫이 아니고, 조직 내 모든 기능(HR, 생산, 마케팅 등)이 일관된 방향으로 움직이게 하는 조율자(Coordinator)의 역할을 하며, 자원의 배분과 조직 문화 형성의 근거가 됩니다.

전략 실패의 대가: 명확한 전략의 부재가 기업의 생존에 미치는 영향 분석

명확한 전략이 없을 때 기업은 다음과 같은 치명적인 대가를 치르게 됩니다.

- **자원의 분산과 낭비**: '모든 것을 잘하려고' 시도함으로써 한정된 자원(인력, 자금)이 여러 방향으로 분산되어 어떤 곳에서도 경쟁 우위를 확보하지 못합니다.
- **조직 구성원의 혼란**: 구성원들이 기업의 우선순위와 목표를 이해하지 못해 동기 부여가 저하되고, 부서 간의 목표가 상충하여 비효율적인 마찰이 발생합니다.
- **경쟁사 모방**: 자신만의 '차별화된 길'을 찾지 못하고 시장의 선도자를 맹목적으로 모방하게 되며, 결국 후발주자로서의 낮은 마진과 과도한 경쟁으로 이어져 수익성을 악화시키고 장기적인 생존력을 훼손합니다.

기업 전략의 기본 프레임워크와 구성 요소

기업 전략은 단순히 목표를 세우는 것을 넘어, 목표 달성을 위한 체계적인 사고의 틀(프레임워크)을 제공하며, 이 섹션은 전략 수립의 가장 근본적인 질문들과 조직 내 전략이 어떻게 구조화되는지를 다룹니다.

기업 전략의 3대 핵심 질문: 전략적 선택의 본질

성공적인 전략을 수립하기 위해서는 다음 세 가지 질문에 대한 명확한 답변이 필요합니다. 이는 전략적 선택의 본질을 구성합니다.

핵심 질문	전략적 역할 (Scope, Advantage, Sustainability)	상세 내용 및 경영적 의미
어디에서 경쟁할 것인가?	범위 (Scope)	기업이 활동할 시장, 고객, 제품의 경계를 설정합니다. 이는 '무엇을 할지'뿐만 아니라 '무엇을 하지 않을지'를 결정하는 선택입니다. 예: 대량 생산 시장이 아닌 고가 프리미엄 틈새시장을 선택한다.
어떻게 경쟁할 것인가?	경쟁 우위 (Advantage)	경쟁사를 능가하여 고객에게 차별화된 가치를 제공하는 방법입니다. 마이클 포터(Michael Porter)의 본원적 전략처럼, 원가 우위 또는 차별화 우위 중 하나를 명확히 선택해야 합니다. 예: '최저가 원가 구조'를 추구하거나, '최고의 고객 서비스'로 차별화한다.
무엇을 통해 지속할 것인가?	지속성 (Sustainability)	확보한 경쟁 우위를 경쟁사가 쉽게 모방할 수 없도록 유지하는 방안이고, 기업 고유의 모방 불가능한 핵심 역량이나 진입 장벽 구축을 통해 달성됩니다. 예: 고유의 특허 기술, 오랜 기간 축적된 브랜드 신뢰, 독점적인 유통망 등을 강화한다.

전략 계층의 이해: 전사 전략, 사업부 전략, 기능별(운영) 전략 간의 연계성

전략은 기업의 최상위부터 현장까지 일관성 있게 흘러야 하며, 전략 계층(Hierarchy of Strategy)이라고 합니다.

1. 전사 전략(Corporate Strategy)

최상위 레벨. 기업 전체의 방향과 목표를 설정하며, 어떤 사업에 진출하고, 철수할지 결정합니다(사업 포트폴리오 관리).

- **핵심 질문:** "우리가 가진 자원을 어떤 사업에 배분하여 기업 전체의 가치를 극대화할 것인가?"

2. 사업부 전략(Business Strategy)

개별 사업부 레벨. 정해진 사업 범위 내에서 어떻게 경쟁 우위를 확보할지 결정합니다(예: IT 사업부, 소비재 사업부 등).

- **핵심 질문:** "이 특정 시장에서 경쟁사를 어떻게 이길 것인가?"(원가 우위 vs. 차별화 우위).

3. 기능별/운영 전략(Functional/Operational Strategy)

각 부서 레벨. 사업부 전략을 효과적으로 지원하기 위해 마케팅, 생산, HR, 재무 등의 부서가 수행해야 할 구체적인 목표와 방침을 설정합니다.

- **핵심 질문:** "사업부의 목표 달성을 위해 우리 부서는 무엇을, 어떻게 효율적으로 실행할 것인가?"

- **연계성의 중요성:** 이 세 가지 전략 계층은 수직적으로 정렬(Vertical Alignment)되어야 하고, 전사 전략이 '고급화'를 결정했다면, 기능별 전략인 생산 부서는 '저비용 생산'이 아닌 '고품질 생산'에 초점을 맞춰야 합니다. 전략 계층 간의 불일치는 자원 낭비와 목표 실패로 직결됩니다.

환경 분석과 기업의 위치 파악

전략 수립은 외부 환경의 기회와 위협, 그리고 기업 내부의 강점과 약점을 객관적으로 파악하는 데서 시작하고, 이 섹션은 기업이 전략적 결정을 내리기 위해 자신의 '위치'를 정확히 이해하는 방법을 제시합니다.

1. 외부 환경 분석의 도구: 시장 매력도 평가

외부 환경 분석은 기업이 통제할 수 없는 외부 요인을 체계적으로 이해하는 과정입니다.

- **거시적 환경 분석(PEST 분석):** 시장 전체의 기회와 위협을 파악하기 위한 도구입니다.
    - Political(정치): 정부 정책, 규제, 세금 등.
    - Economic(경제): 경제 성장률, 환율, 금리, 소비자 구매력 등.
    - Sociocultural(사회문화): 인구 통계, 라이프스타일, 가치관 변화 등.
    - Technological(기술): 혁신 속도, 신기술 출현, R&D 투자 동향 등.
    (활용: PEST 분석을 통해 기업의 제품/서비스에 영향을 미칠 장기적인 트렌드를 예측합니다.)
- **산업 구조 분석(Porter의 5 Forces 모델):** 기업이 속한 산업의 구

조적 매력도와 잠재적 수익성을 평가합니다.

- **기존 기업 간 경쟁 강도:** 시장 경쟁 수준.
  - 잠재적 진입자의 위협: 신규 경쟁자가 쉽게 진입할 수 있는가?
  - 대체재의 위협: 고객이 우리 제품 대신 선택할 수 있는 대체품의 존재 여부.
  - 공급자의 교섭력: 원재료 공급자가 가격을 올릴 수 있는 힘.
  - 구매자의 교섭력: 고객(구매자)이 가격을 낮추도록 요구할 수 있는 힘.
  - 활용: 다섯 가지 힘이 모두 강하면 해당 산업은 매력이 낮으며, 반대로 약하면 수익 잠재력이 높다고 판단합니다.

2. 내부 역량 분석의 도구: 핵심 역량(Core Competency) 정의 및 SWOT 분석

외부 환경 분석을 통해 기회와 위협을 파악했다면, 내부 역량 분석을 통해 기업의 능력을 객관적으로 평가합니다.

| 핵심 역량(Core Competency) 정의

- 고객에게 독특한 가치를 제공하고, 경쟁자가 모방하기 어렵고, 다양한 시장에 적용할 수 있는 기업 고유의 능력이나 기술.
- 이는 단순히 '잘하는 것'이 아니라, 경쟁 우위의 근간이 되는 능력입니다.
  (예: 3M의 접착 기술, 애플의 디자인 및 사용자 경험 통합 능력)

| SWOT 분석을 통한 기업의 강점과 약점 파악

- **Strengths(강점) & Weaknesses(약점):** 내부 역량 분석 결과.
- **Opportunities(기회) & Threats(위협):** 외부 환경 분석 결과.

  (활용: SWOT 분석은 내부 강점을 외부 기회에 연결하는 SO 전략(공격적 전략), 내부 약점을 외부 위협으로부터 방어하는 WT 전략(방어적 전략) 등 구체적인 전략 방향을 도출하는 데 사용됩니다.)

3. '경쟁 우위(Competitive Advantage)'의 발견과 구축

전략 수립의 최종 목표는 지속 가능한 경쟁 우위를 확보하는 것입니다.

- **경쟁 우위의 발견:** 내부 역량 분석에서 파악된 핵심 역량(강점)이 외부 시장의 기회와 만나는 지점에서 발생합니다.
- **경쟁 우위의 유형(Porter의 본원적 전략)**
  - 원가 우위(Cost Leadership): 경쟁사보다 훨씬 낮은 원가로 제품을 생산하여 가격 경쟁에서 우위를 점하는 전략(예: 저가 항공사).
  - 차별화 우위(Differentiation): 고유한 제품 특성, 브랜드 이미지, 고객 서비스 등으로 고객에게 프리미엄 가치를 제공하는 전략(예: 명품 브랜드, 혁신 기술 기업).
- **경쟁 우위의 구축과 지속성:** 단순한 경쟁 우위를 넘어, 그 우위가 장기간 지속되도록 모방이 어려운 진입 장벽을 구축해야 하고,

여기에는 특허, 규모의 경제, 강력한 브랜드 로열티, 정부 규제, 독점적인 유통 채널 등이 활용됩니다.

시장 분석과 경영 환경 변화의 이해

기업 전략 수립은 불확실한 미래 속에서 생존을 위한 지도를 그리는 작업이며, 그 지도의 첫 페이지는 외부 환경에 대한 정확한 이해로 시작되며, 급변하는 시장에서 기업이 나아갈 방향을 설정하는 첫걸음입니다.

1. 외부 환경 분석의 필요성: 기회와 위협 식별

기업은 홀로 존재하는 것이 아니며, 끊임없이 변화하는 거대한 외부 환경의 영향을 받습니다. 이러한 환경 변화를 체계적으로 분석하는 것이 바로 PEST 분석이며, 이를 통해 미래의 기회와 위협 요소를 선제적으로 식별해야 합니다.

| PEST 환경 속 기회와 위협 식별

- **정치/경제:** 불안정한 글로벌 정세, 금리 변동, 무역 규제 강화 등은 위협인 동시에 새로운 시장 표준을 선점할 기회가 될 수 있습니다.
- **사회/기술(Socio-Tech):** 특히 AI 시대의 도래는 모든 산업의 생산성과 서비스 방식을 근본적으로 재편하는 거대한 기술적 기회이고, 동시에 글로벌 공급망의 재편은 생산 비용과 운영 안정성

에 직접적인 도전을 제기합니다. 이러한 메가 트렌드를 읽지 못하면 생존 자체가 불가능합니다.

2. 경쟁 구도 분석(Porter의 5-Forces): 산업 매력도와 핵심 성공 요인 파악

기업의 수익성을 결정하는 것은 단순히 '얼마나 열심히 일했는가?'가 아니라, 기업이 속한 산업 구조 자체의 매력도이며, 마이클 포터(Michael Porter)의 5-Forces 모델은 이 산업 구조를 분석하는 데 사용됩니다.

| 5가지 경쟁 요인의 분석

- **산업 내 경쟁 강도:** 기존 경쟁자들이 얼마나 치열하게 싸우는가?
- **잠재적 진입자의 위협:** 새로운 경쟁자가 쉽게 시장에 들어올 수 있는가?(진입 장벽)
- **대체재의 위협:** 고객에게 우리 제품을 대체할 다른 선택지가 있는가?
- **구매자(고객)의 교섭력:** 고객이 가격 인하를 요구할 수 있는 힘.
- **공급자(파트너)의 교섭력:** 원자재 공급자가 가격을 올릴 수 있는 힘.

5가지 힘을 분석하여 산업의 잠재적 수익성(매력도)을 판단하고, 이 산업에서 성공하기 위해 기업이 반드시 갖춰야 할 핵심 성공 요인(KSF, Key Success Factor)을 도출합니다.

3. 내부 역량 분석(SWOT): 전략 방향 도출의 기초

외부 환경 분석을 통해 기회(Opportunity)와 위협(Threat)을 파악했다면, 이제 기업 내부로 시선을 돌려 강점(Strength)과 약점(Weakness)을 객관적으로 진단해야 합니다.

| SWOT 분석의 역할

기업 내부의 강점은 무엇이고, 약점은 무엇인지 파악합니다.
이 네 가지 요소를 조합하여 구체적인 전략 방향을 도출합니다.

- **SO 전략(공격):** 강점을 활용해 외부로부터의 기회를 적극적으로 포착
- **ST 전략(다각화):** 강점을 활용해 외부로부터의 위협을 회피하거나 최소화
- **WO 전략(보완):** 약점을 보완하여 외부로부터의 기회를 포착
- **WT 전략(방어):** 약점으로 인해 위협이 현실화하지 않도록 철저히 방어

분석 과정을 거쳐야만, 기업은 '우리가 무엇을 잘하고(강점), 시장이 무엇을 원하는지(기회)'를 연결하는 생존 전략을 세울 수 있습니다.

<u>기업의 존재 이유: 미션, 비전, 핵심 가치 정의</u>

시장을 이해했다면, 기업이 어디로 나아갈지와 무엇을 할지를 명확

히 정의하여 조직의 모든 구성원을 한 방향으로 정렬해야 합니다.

| 기업 미션(Mission)

"우리는 왜 존재하는가?"에 대한 대답이며, 기업의 근본적인 목적과 고객에게 제공하는 가치를 간결하게 표현합니다.

예시: 고객의 일상에 혁신적인 경험을 제공한다.

| 기업 비전(Vision)

"우리는 미래에 어떤 모습이 될 것인가?"를 제시하고, 달성하고자 하는 장기적인 목표이자, 조직 구성원들이 공유하는 꿈입니다.

예시: 5년 내 아시아 최고의 혁신 기술 기업으로 도약한다.

| 핵심 가치(Core Values)

비전을 달성하는 과정에서 조직 구성원들이 지켜야 할 행동 원칙이자 신념입니다.

예시: 고객 중심, 끊임없는 혁신, 투명한 소통.

지속 가능한 성장을 위한 전략적 자세

비전과 미션을 설정한 후, 이를 달성하기 위한 전략적 사고방식과 자세를 확립합니다.

- **혁신 주도적 성장:** 현재에 안주하지 않고, 기술과 비즈니스 모델의 혁신을 통해 새로운 성장 동력을 끊임없이 창출하는 자세가 중요합니다.
- **장기적 관점의 경영:** 단기적인 이익에만 집중하지 않고, 환경(Environment), 사회(Social), 지배구조(Governance)를 고려한 ESG 경영을 통해 지속 가능한 경쟁 우위를 확보합니다.
- **조직 구성원의 몰입:** 미션, 비전, 핵심 가치를 조직문화에 깊이 뿌리내려 직원들의 주인의식을 높이고, 전략 실행에 대한 몰입도를 극대화합니다.

고객 중심의 시장 전략과 포지셔닝

1. 타겟 고객 정의 및 시장 세분화(Segmentation & Targeting)

성공적인 시장 진입과 성장을 위해서는 '누구에게 집중할 것인가'를 명확히 해야 하고, 모든 사람을 고객으로 삼을 수는 없으며, 한정된 자원과 역량을 효과적으로 활용하기 위해, 기업은 시장을 쪼개고(세분화) 가장 매력적인 부분을 선택하는(타겟팅) 과정이 필수적입니다.

1) 시장 세분화(Segmentation): 고객 그룹의 발견과 이해

시장 세분화는 광범위한 시장을 유사한 니즈와 특성을 가진 동질적인 소그룹으로 나누는 과정이며, 고객을 더 깊이 이해하고, 그들에게 맞춤형 가치를 제공하기 위한 기초 작업입니다.

(1) 세분화의 네 가지 주요 기준

기업의 제품이나 서비스에 가장 잘 반응할 수 있는 그룹을 찾기 위해 다음 기준들을 활용합니다:

- **지리적 특성(Geographic):** 지역, 도시 규모, 기후 등 물리적 위치에 따른 분류.
- **인구 통계적 특성(Demographic):** 연령, 성별, 소득, 교육 수준 등 객관적 지표에 따른 분류.

- **심리적 특성(Psychographic):** 라이프스타일, 가치관, 성격 등 고객의 내면적 심리 상태에 따른 분류.
- **행동적 특성(Behavioral):** 제품 사용 빈도, 추구하는 혜택, 브랜드 충성도, 구매 결정 과정 등 고객의 실제 행동 패턴에 따른 분류.

(2) 고객 페르소나 구체화

세분화된 그룹을 대표하는 가상의 인물인 고객 페르소나를 설정합니다.

페르소나를 통해 타겟 고객의 니즈(Needs), 문제점(Pain Points), 구매 결정 과정을 깊이 있게 이해할 수 있으며, 이는 제품 개발과 마케팅 메시지를 구체화하는 데 결정적인 역할을 합니다.

2. 타겟 시장 선정(Targeting): 선택과 집중을 통한 효율 극대화

타겟 시장 선정은 세분화된 시장 조각(Segment) 중 기업의 핵심 역량과 자원을 투입했을 때 가장 높은 수익성과 성공 가능성이 있는 시장을 선택하는 과정입니다.

- **선정 기준:** 시장 매력도(규모, 성장 잠재력), 기업의 적합성(핵심 역량과의 연계), 그리고 경쟁 우위 확보 가능성 등을 종합적으로 고려해야 합니다.

전략적 의의

선택과 집중을 통해 한정된 자원의 효율성을 극대화합니다.

모두에게 팔려고 노력하는 대신, 가장 잠재력이 높은 고객에게 집중하여 마케팅 비용 대비 높은 성과를 얻습니다.

타겟이 명확해지면서 포지셔닝(Positioning) 전략을 수립하기 위한 기반이 마련됩니다.

3. 경쟁 우위 확보와 차별화 전략(Differentiation)

타겟 시장이 선정되었다면, 이제 그 시장 내에서 경쟁자보다 뛰어난 가치를 제공하여 고객의 선택을 받아야 하고, 경쟁 우위(Competitive Advantage)는 기업이 평균 이상의 수익을 지속적으로 창출하게 하는 핵심 기반입니다.

1) 본원적 경쟁 전략(Porter's Generic Strategies)

경쟁 우위를 확보하는 근본적인 방법은 크게 세 가지로 분류되고, 기업은 성공을 위해 이 중 하나 또는 조합을 명확히 선택해야 합니다.

전략 유형	정의 및 목표	전략적 실행의 핵심
원가 우위 (Cost Leadership)	경쟁사보다 낮은 비용으로 제품이나 서비스를 생산 및 제공하여 가격 경쟁력을 확보하는 전략	생산 효율 극대화, 규모의 경제 활용, 원자재 대량 구매, 엄격한 비용 통제(Cost Control)
차별화 (Differentiation)	독특한 디자인, 우수한 품질, 특별한 기능, 뛰어난 서비스, 강력한 브랜드 이미지 등을 통해 고객이 인식하는 가치를 높이는 전략	R&D 및 혁신 집중, 강력한 마케팅을 통한 브랜드 가치 구축, 고객 맞춤형 서비스 제공.
집중화 (Focus)	특정 좁은 시장(틈새시장, Niche Market)에 집중하여 원가 우위 또는 차별화 우위 중 하나를 추구하는 전략	특정 지리적 영역, 특정 고객 그룹, 특정 제품 라인에 자원을 집중하여 고객 니즈를 심층적으로 만족시킴.

2) 가치 제안(Value Proposition) 명확화

경쟁 전략을 선택했다면, 이를 바탕으로 고객에게 전달할 가치 제안을 명확히 해야 하고, 가치 제안은 고객이 왜 우리 기업의 제품을 구매해야 하는지, 경쟁사 대비 무엇이 더 좋은지를 명확하고 간결하게 정의한 핵심 메시지입니다.

- **포지셔닝의 핵심 기반:** 효과적인 가치 제안은 곧 포지셔닝 (Positioning)의 핵심 기반이 되고, 포지셔닝은 고객의 마음속에 우리 제품을 경쟁사 대비 어떻게 인식시킬 것인가를 결정하는 과정입니다.

| 성공적인 가치 제안의 요소

- **관련성(Relevance):** 고객의 해결되지 않은 문제(Pain Points)와 직접 연결되는가?
- **차별성(Differentiation):** 경쟁사가 제공할 수 없는 고유한 혜택이 있는가?
- **신뢰성(Credibility):** 기업이 실제로 그 가치를 제공할 수 있다는 믿음을 주는가?

명확한 가치 제안은 모든 마케팅 활동과 영업 활동의 기준이 되며, 고객이 혼란 없이 우리 제품을 선택하도록 유도하는 강력한 도구가 됩니다.

3. 성공적인 시장 포지셔닝과 마케팅 전략(Positioning & Marketing Mix)

타겟 시장을 선정하고 경쟁 우위 요소를 결정했다면, 이제 그 우위를 고객의 마음속에 명확히 심고(포지셔닝), 이를 현실에서 전달하기 위한 구체적인 실행 계획(마케팅)을 수립해야 합니다.

1) 포지셔닝(Positioning): 고객의 마음에 자리 잡기

포지셔닝은 고객의 마음속에 경쟁 제품과 대비하여 우리 제품의 독특하고 바람직한 위치를 설정하고 각인시키는 과정이며, 곧 '우리 회사가 무엇을 대표하는가?'를 결정하는 핵심 단계입니다.

- **포지셔닝의 역할:** 고객에게 혼란을 주지 않고 우리가 제공하는 핵심 가치를 명확하게 전달하여, 고객이 구매 상황에서 우리를 가장 먼저 떠올리게 만듭니다.

| 성공적인 포지셔닝을 위한 요소

- **차별성(Differentiation):** 경쟁사와 확실히 구별되는 특징을 제시해야 합니다.
- **관련성(Relevance):** 타겟 고객의 니즈와 문제점을 해결해 줄 수 있어야 합니다.
- **신뢰성(Credibility):** 기업이 그 포지셔닝을 실제로 달성할 능력이 있다는 믿음을 주어야 합니다.
- **일관성(Consistency):** 제품 디자인, 광고 메시지, 가격 정책 등 모든 마케팅 활동에서 일관된 메시지를 전달하는 것이 포지셔닝 성

공의 핵심입니다.

2) 마케팅 믹스(Marketing Mix - 4P/7P): 포지셔닝을 현실화하는 실행 전략

마케팅 믹스는 포지셔닝을 달성하기 위해 기업이 통제하고 조합할 수 있는 구체적인 실행 도구들의 집합입니다.

(1) 전통적인 마케팅 믹스(4P)

구성 요소	역할	핵심 내용
제품 (Product)	고객 니즈를 충족시키는 가치의 실체설계	설계, 품질, 브랜드, 포장, 보증, 서비스 등 제품이 고객에게 제공하는 모든 요소 포함
가격 (Price)	제품이 교환되는 가치의 화폐적 표현 결정	시장 상황, 경쟁사 가격, 고객 인식 가치 등을 고려한 합리적인 가격 책정 및 할인, 지불 조건 설정
유통 (Place)	제품을 고객에게 효율적으로 전달하는 방법	판매 채널(온라인, 오프라인, 직접 판매), 물류, 재고 관리, 유통망 선정 및 관리 전략
촉진 (Promotion)	제품과 가치 제안을 고객에게 알리는 활동	광고, 홍보(PR), 판매 촉진(세일즈 프로모션), 인적 판매 등을 통한 마케팅 메시지 전달

(2) 서비스 산업을 위한 확장 믹스(7P)

서비스는 형체가 없고 생산과 소비가 동시에 일어나므로, 전통적인 4P에 세 가지 요소를 추가하여 전략을 구체화합니다.

- **사람(People):** 서비스를 제공하는 직원(프론트라인 포함)의 태도, 기술, 동기 부여가 서비스 품질 자체이고, 이들의 역량과 교육이 곧 마케팅 수단이 됩니다.
- **프로세스(Process):** 서비스를 전달하는 시스템, 절차, 운영 방식이며, 효율적이고 표준화된 프로세스는 일관된 서비스 품질을 보장합니다.
- **물리적 증거(Physical Evidence):** 무형의 서비스에 대한 유형의 단서를 제공합니다. (예: 매장의 분위기, 웹사이트 디자인, 직원의 복장, 보고서 형태 등) 물리적 증거(Physical Evidence)를 추가하여 전략을 구체화합니다.

핵심 역량 개발과 기술 혁신 전략

기업의 지속 가능한 성장을 위해 내부적으로 차별화된 경쟁력을 어떻게 구축하고, 이를 기술 혁신을 통해 어떻게 강화할 것인지에 초점을 맞춥니다.

1. 기술의 역할과 전략적 중요성

기술은 오늘날 단순히 제품을 만드는 수단을 넘어, 시장을 재정의하고 지속 가능한 경쟁 우위를 창출하는 핵심 동력이며, 기술을 경영 전략의 중심에 두는 것이 기업 생존의 필수 조건이 되었습니다.

1) 기술 주도적 변화 대응: 혁신 가속화

기업은 외부에서 발생하는 급변하는 기술 트렌드를 단순한 유행이 아닌, 비즈니스 모델을 재창조할 기회로 인식하고 대응해야 합니다.

- **4차 산업혁명과 핵심 기술**: AI, 빅데이터, IoT, 클라우드 등의 핵심 기술을 깊이 이해하고, 이러한 기술이 우리 산업의 가치 사슬(Value Chain)에서 어떤 부분을 파괴하고 어떤 새로운 가치를 창출할지 분석해야 합니다.
- **비즈니스 모델 및 운영 효율성 통합**: 기술을 별도의 부서 프로젝트가 아닌, 기업의 비즈니스 모델(BM) 자체와 운영 효율성(Operational Excellence)에 통합해야 합니다.

예를 들어, 빅데이터 분석을 통해 마케팅 비용을 절감하거나, AI를 활용해 생산 공정의 불량을 예측하여 효율성을 극대화하는 것입니다.

2) 기술의 전략적 포지셔닝: 포트폴리오 관리

기업의 기술 역량은 현재의 수익을 지키고 미래의 성장을 담보하는 핵심 자산이며, 따라서 체계적인 기술 포트폴리오 관리가 필요합니다.

- **보유 기술 분류**: 기업이 현재 보유한 기술들을 핵심 기술(Core), 지원 기술(Supporting), 기반 기술(Basic) 등으로 분류하여 중요도와 투자 우선순위를 결정해야 합니다.

- **미래 기술 전략 수립**: '미래에 필요한 기술'과 '현재 보유한 기술' 간의 격차(Gap)를 분석하고, 그 격차를 메우기 위한 명확한 전략을 수립해야 합니다.
- **획득(Acquire)**: M&A나 기술 제휴(Alliance)를 통한 외부 기술 도입.
- **개발(Develop)**: 내부 R&D 역량을 통한 자체 개발.
- **보유(Maintain)**: 핵심 기술에 대한 지속적인 유지 및 강화.

3) 기술 로드맵과 전략적 투자

기술 투자는 단기적인 회계적 비용이 아닌, 장기적인 생존과 성장을 위한 필수 자본이라는 관점에서 접근해야 합니다.

- **장기적인 기술 로드맵 구축**: 단기적 성과에 일희일비하지 않고, 장기적인 비전 달성을 위해 향후 3년, 5년 동안 어떤 기술을 언제 확보하고 상용화할지에 대한 명확한 로드맵을 구축해야 하며, 로드맵은 기업의 전사 전략과 일치해야 합니다.
- **위험을 감수하는 전략적 투자**: 새로운 혁신은 항상 높은 위험(Risk)을 수반하고, 경영진은 '실패 용인 문화'를 바탕으로, 당장 수익을 내지 못하더라도 미래 시장을 선도할 수 있는 혁신적인 기술 분야에 대한 전략적 투자를 지속해야 하며, 경쟁자가 쉽게 따라올 수 없는 기술적 진입 장벽을 구축하는 기반이 됩니다.

2. 내부 핵심 역량 강화와 지식 경영

기술 혁신을 외부에만 의존할 수는 없으며, 외부 기술을 성공적으로 흡수하고 내재화하며, 지속적인 혁신을 뒷받침하는 것은 조직 내부에 축적된 고유의 역량과 지식입니다.

1) 핵심 역량의 정의 및 식별: 모방 불가능한 능력에 집중

핵심 역량(Core Competency)은 기업의 전략적 우위와 직결되고, 단순한 '강점'을 넘어, 다음의 조건을 충족하는 능력입니다.

- **차별화된 가치 제공:** 고객에게 경쟁사보다 뛰어난 가치나 혜택을 제공할 수 있어야 합니다.
- **모방 불가능성:** 경쟁사가 단기간에 쉽게 따라 할 수 없어야 합니다.
- **다양한 시장 적용 가능성:** 여러 제품이나 시장에 걸쳐 활용 가능해야 합니다.

경영진은 핵심 역량을 정확히 파악하고, 선택과 집중을 통해 관련 자원과 투자를 집중적으로 육성해야 하며, 핵심 역량에 대한 투자는 곧 기업의 미래를 위한 보험과 같습니다.

2) R&D(연구개발) 시스템 최적화: 창의와 효율의 균형

핵심 역량을 기술적으로 구현하고 발전시키는 것은 R&D 시스템의 책임이며, R&D는 효율성과 창의성 사이의 균형을 찾아야 합니다.

- **시장 니즈와 기술 트렌드 반영**: R&D는 단순히 기술 그 자체에 몰두하는 것이 아니라, 시장의 요구(Market Needs)와 경영 전략을 반영하여 연구 방향을 설정해야 하고, R&D 프로세스를 기민(Agile)하게 운영하여 빠른 피드백과 수정을 가능하게 해야 합니다.
- **창의성과 자율성 보장**: 연구 인력의 창의성은 기업 혁신의 원동력이고, 연구원들에게 충분한 자율성을 부여하고, 실패를 용인하는 문화를 조성하며, 성과에 대한 공정한 보상과 인정을 통해 혁신 의지를 지속적으로 고취해야 합니다.

3) 지식 경영 시스템(KMS): 조직 지식의 자산화

지식 경영은 한 직원의 지식이나 경험이 퇴사와 함께 사라지지 않고, 조직 전체의 영구적인 자산으로 축적되도록 관리하는 체계입니다.

- **경험과 노하우의 축적**: 직원들의 성공 및 실패 경험, 영업 노하우, 기술 개발 과정 등의 암묵지(Tacit Knowledge)를 매뉴얼, 보고서, 사례집 등으로 데이터화, 문서화하는 프로세스를 구축해야 합니다.
- **조직적 활용 및 공유**: 지식 경영 시스템(KMS)을 통해 축적된 지식을 조직 내에서 쉽게 검색하고 활용할 수 있도록 접근성을 높여야 하며, 이를 통해 특정 인력에게 의존하는 위험을 제거하고, 신입 직원의 빠른 적응과 조직 전반의 학습 속도를 획기적으로 향상시킵니다.

- **지식 기반의 의사결정:** 축적된 지식과 데이터를 활용하여 보다 객관적이고 정확한 경영 및 운영에 관한 의사결정을 내리는 기반을 마련합니다.

3. 혁신 로드맵 구축 및 실행

혁신은 무작위적인 활동이 아닌, 명확한 목표와 단계에 따라 추진되어야 하는 전략적 과정이며, 혁신을 성공적으로 이끌기 위해서는 체계적인 로드맵과 이를 뒷받침하는 문화가 필수적입니다.

1) 혁신의 유형과 목표 설정

기업의 자원을 가장 효율적으로 활용하기 위해, 무턱대고 모든 것을 바꾸려 하기보다 기업의 상황과 전략에 맞는 혁신의 유형을 명확히 선택해야 합니다.

- **제품 혁신(Product Innovation):** 기존 제품의 성능, 기능, 디자인 등을 개선하거나 완전히 새로운 제품을 개발하는 것(예: 새로운 기술을 적용한 주력 상품 출시).
- **프로세스 혁신(Process Innovation):** 생산, 물류, 서비스 제공, 내부 관리 등 운영 방식의 효율성을 극대화하는 것(예: 「기업을 어떻게 키우나」에서 다루는 현장 혁신 사례처럼, 린(Lean) 방식 도입을 통한 생산 시간 단축).
- **비즈니스 모델 혁신(Business Model Innovation):** 고객 가치 제안, 수익 구조, 가치 사슬 전체를 근본적으로 바꾸는 것(예: 제품

판매에서 구독 서비스로 전환).

- **핵심**: 경영진은 현재 기업이 처한 상황(경쟁력 확보 필요성, 자금력 등)을 고려하여 이 세 가지 유형 중 가장 시급하고 효과적인 목표를 설정하고 자원을 집중해야 합니다.

2) 파트너십 및 개방형 혁신(Open Innovation)

내부의 R&D 역량만으로는 급변하는 기술 속도를 따라잡기 어려우며, 혁신의 속도를 높이기 위해 외부 자원과 지식을 적극적으로 활용하는 개방형 혁신이 필요합니다.

- **외부 기술의 전략적 도입**: 대학, 연구기관과의 공동 연구, 스타트업에 대한 투자 또는 협력(CVC), 기술 제휴(Alliance) 등을 통해 내부 역량의 한계를 극복합니다.
- **효율성 증대**: 외부의 검증된 기술이나 아이디어를 도입함으로써 내부에서 처음부터 개발하는 데 드는 시간과 비용을 대폭 절감할 수 있습니다.
- **전략적 파트너십**: 단순한 기술 거래를 넘어, 장기적인 파트너십을 구축하여 혁신 생태계를 조성하고 미래의 기술 변화에 함께 대응하는 체계를 마련해야 합니다.

3) 실패를 용인하는 조직문화: 혁신의 전제 조건

혁신은 필연적으로 실패와 시행착오를 수반하며, 직원이 실패의 두려움 때문에 새로운 도전을 회피한다면, 어떤 혁신 로드맵도 성공할 수 없습니다.

- **실패를 학습의 기회로 전환:** 실패를 비난의 대상이 아닌, 가치 있는 경험과 학습의 기회로 인식하는 문화를 구축해야 하며, 실패 사례를 투명하게 공유하고 분석하여, 다음 도전에 반영하는 프로세스를 정립해야 합니다.
- **위험 감수 장려:** 직원들이 계산된 위험(Calculated Risk)을 감수하는 도전을 장려하고, 실패하더라도 다시 일어설 수 있도록 심리적 안정감(Psychological Safety)을 제공하는 것이 중요합니다.
- **리더십의 역할:** 경영진 스스로가 혁신 과정에서 발생하는 실패에 대해 관용을 보이고, 혁신을 주도하는 팀에게 전폭적인 지지를 보여 줌으로써 조직문화의 변화를 이끌어야 합니다.

글로벌시장 진출 및 대응 전략

기업 성장의 다음 단계는 국내 시장을 넘어 해외 시장으로 확장하는 것이며, 글로벌 경영 환경을 분석하고 효과적인 진출 방식을 모색합니다.

1. 국제 경영 환경 이해와 리스크 분석

글로벌시장은 기업에 높은 성장 기회를 제공하지만, 동시에 국내 경영 환경과는 비교할 수 없는 다양하고 복잡한 리스크를 내포하며, 성공적인 해외 진출을 위해서는 이러한 리스크를 철저히 분석하고 관리하는 것이 필수적입니다.

1) 해외 시장 환경 분석: 거시 환경과 리스크 예측

해외 시장에 진출하기 전에는 그 국가의 거시 환경을 PEST(정치, 경제, 사회, 기술) 관점에서 면밀히 분석하여 잠재적 리스크를 예측해야 합니다.

- **정치적 리스크:** 진출하고자 하는 국가의 정치적 안정성, 정부의 무역 정책(관세, 비관세 장벽), 규제 환경 및 법규의 변화 가능성을 분석하며, 갑작스러운 정책 변경은 기업 활동에 치명적인 영향을 줄 수 있습니다.
- **경제적 리스크:** 환율 변동성, 인플레이션율, 노동 비용 상승, 금융 시장 불안정성 등 경제 지표의 변화를 예측하고, 특히 급격한 환율 변동은 수익성에 직접적인 타격을 입힐 수 있습니다.
- **법률 및 제도 리스크:** 지적재산권(IP) 보호 수준, 계약 이행의 강제성, 세법 등 현지 법률 시스템을 이해하고, 기업 활동에 미치는 영향력을 평가해야 합니다.

2) 문화적 이해와 현지화(Localization): 성공 확률 높이기

기술이나 제품의 우수성만으로는 해외 시장에서 성공하기 어렵고, 현지 문화에 대한 깊은 이해를 바탕으로 '현지화(Localization)' 전략을 수립해야 성공 확률을 높일 수 있습니다.

- **가치관 및 소비 습관 반영:** 단순한 언어 번역을 넘어, 현지 고객의 가치관, 종교, 문화적 금기 사항을 존중하고 이를 제품 디자인, 포장, 브랜드 이름 등에 반영해야 합니다.
- **마케팅 전략의 현지화:** 효과적인 마케팅 메시지와 채널은 국가별로 크게 다르며, 현지에서 영향력이 큰 소셜 미디어 플랫폼, 인플루언서, 광고 관습 등을 활용하여 현지 정서에 맞는 캠페인을 실행해야 합니다.
- **조직의 현지화:** 현지 인력을 적극적으로 채용하고, 현지 관행과 문화를 이해하는 인재를 핵심 관리직에 배치하여 의사결정의 효율성을 높여야 합니다.

3) 환율 및 무역 리스크 관리: 안전망 구축

국제 경영에서 필연적으로 발생하는 환율 및 무역 관련 리스크에 대비하여 체계적인 글로벌 리스크 관리 체계를 구축해야 합니다.

| 환율 변동성 대비(헤지 전략)

- 선물환 계약, 옵션 등 금융 상품을 활용하여 미래의 환율을 미리 고정함으로써 예측 불가능한 환차손을 최소화하는 헤지 전략을 실행합니다.
- 현지 통화로 매출과 비용을 일치시키는 자연 헤지(Natural Hedging) 방안을 모색합니다.

- 특정 국가나 지역에 대한 의존도를 낮추기 위한 공급망 다변화 전략을 추진합니다.
- 국제 무역 분쟁, 자연재해 등에 대비하여 주요 원자재나 부품의 복수 공급처를 확보하고 재고를 전략적으로 관리해야 합니다.

2. 해외 시장 진출 방식 선택 및 실행

기업의 자원, 역량, 목표 시장의 특성에 따라 가장 적절하고 효율적인 진출 방식을 선택해야 하고, 기업이 해외 시장에서 성공하기 위해서는 자원, 역량, 목표 시장의 특성을 종합적으로 고려하여 가장 적절하고 효율적인 진출 방식을 선택하는 것이 필수적이며, 진출 방식은 리스크와 통제 수준에 따라 다양하게 구분됩니다.

1) 수출(Export)

수출은 가장 전통적이고 리스크가 낮은 진출 방식이고, 초기 자원 투입이 최소화되며 유연성이 높다는 장점이 있으며, 기업은 기존의 생산 시설을 활용하여 해외 시장에 제품을 판매하기 때문에, 시장 변화에 빠르게 대응하거나 철수할 수 있습니다.

하지만, 현지 시장 정보가 부족하여 고객 니즈를 정확히 파악하기 어렵고, 국제 물류 비용이 발생하며, 수입국의 관세나 비관세 장벽과 같은 무역 장벽에 취약하다는 단점이 있습니다.

2) 라이선싱/프랜차이징(Licensing/Franchising)

기업이 자신의 기술, 브랜드, 노하우를 현지 파트너에게 사용하도록 허가하고 로열티를 받는 방식이고, 기술이나 브랜드의 빠른 확산이 가능하며, 현지 파트너의 시장 지식을 활용하여 현지 적합성을 높일 수 있습니다. 그러나 기술 유출 위험이 존재하며, 본사가 현지 파트너의 운영 및 품질 통제를 하기 어렵다는 리스크가 있으며, 또한, 로열티 기반이므로 해외 직접 투자에 비해 수익성이 낮을 수 있습니다.

3) 합작 투자(Joint Venture)

합작 투자는 현지 기업과 자본, 리스크, 기술 등을 공유하여 공동으로 사업을 운영하는 방식이며, 리스크와 자원을 분담할 수 있고, 현지 파트너가 가진 시장 지식과 네트워크를 즉시 확보할 수 있어 현지 시장 진입이 쉽다는 장점이 있습니다. 반면, 파트너 간 의견 충돌이 발생할 가능성이 높고, 지분 비율 및 통제권 문제가 사업 운영의 걸림돌이 될 수 있습니다.

4) 해외 직접 투자(Foreign Direct Investment, FDI)

해외 직접 투자(FDI)는 현지에 자회사나 지사를 설립하거나 기존 현지 기업을 인수하는 방식이고, 이 방식은 현지 시장에 대한 완전한 통제권을 확보할 수 있으며, 생산부터 마케팅까지 모든 활동을 본사 전략에 맞게 조정하여 장기적 수익성을 최대화할 수 있다는 가장 큰 장점이 있습니다. 그러나 이는 가장 높은 리스크와 막대한 초기 자원 투입을 요구합니다. 현지 법규, 정치적 불안정성, 경제적 리스크 등 모든 현지 리스크에 직접적으로 노출된다는 단점도 함께 수반됩니다.

진출 방식	특징 및 장점	단점 및 리스크
수출(Export)	가장 낮은 리스크, 초기 자원 투입 최소화, 유연성 높음	현지 시장 정보 부족, 물류비용 발생, 무역 장벽에 취약
라이선싱/ 프랜차이징	기술/브랜드의 빠른 확산, 현지 파트너의 지식 활용	기술 유출 위험, 품질 통제 어려움, 수익성이 낮을 수 있음
합작 투자 (Joint Venture)	리스크와 자원 공유, 현지 파트너의 시장 지식 확보	파트너 간 의견 충돌, 지분 및 통제권 문제 발생 가능성
해외 직접 투자 (FDI)	자회사/지사 설립: 현지 시장에 대한 완전한 통제권 확보, 장기적 수익성 최대화	가장 높은 리스크와 자원 투입, 정치적/경제적 리스크 노출

생존을 위한 전략 수립을 정리하면,

VUCA 환경에서 기업의 생존과 성장을 위한 전략 수립에 관한 내용을 정리한 것으로, 전략을 장기적 방향 설정으로 정의하고, '어디서', '어떻게', '무엇을 통해' 지속할 것인가라는 3대 핵심 질문에 답해야 함을 강조합니다.

전략 수립은 PEST, 5 Forces를 통한 외부 환경 분석과 SWOT 기반의 내부 역량 진단에서 시작하며, 시장 세분화 및 타겟팅을 통해 명확한 가치 제안과 포지셔닝을 확립하고, 또한, 기술을 지속 가능한 경쟁 우위의 동력으로 보고 혁신을 촉진해야 하며, 글로벌 진출 시에는 리스크 관리와 진출 방식 선택이 중요하다고 요약할 수 있습니다.

2부

효율적 운영과 실전 리더십

효율적 운영과 실전 리더십에 대한 정의 및 필요성은 기업의 전략 (Part I)을 성공적으로 실행하고 지속적인 경쟁 우위를 확보하기 위한 핵심 요소인 운영 효율성과 이를 이끄는 실전 리더십의 개념과 필요성을 다룹니다.

Part 1. 효율적 실전 리더십의 정의 및 연계

효율적 운영(Operational Excellence)의 정의와 전략적 중요성

효율적 운영(Operational Excellence)은 기업이 전략적 목표를 달성하는 데 필수적인 실행 기반이고, 아무리 훌륭한 전략이라도 현장에서 효율적으로 실행되지 않으면 무의미하며, 이 섹션은 효율적 운영의 개념과 그것이 기업 생존에 미치는 결정적 영향을 다룹니다.

1. 효율적 운영이란 무엇인가?

효율적 운영은 단순히 인건비를 줄이거나 재료를 아끼는 단편적인 비용 절감을 넘어서, 고객에게 전달하는 가치 창출 프로세스 전체를 최적화하는 총체적 접근법입니다.

- **린(Lean) 사고방식의 기초:** 효율적 운영의 핵심은 린(Lean) 사고방식에 뿌리를 두고 있으며, 린의 기본 철학은 고객이 가치를 두지 않는 모든 요소를 낭비(Muda)로 정의하고 이를 프로세스에서 제거하는 것이며, 이를 통해 제품이나 서비스가 고객에게 도달하는 전체 과정인 가치 흐름(Value Stream)을 신속하고 원활하게 개선합니다.

1) 효율적 운영이 기업 생존에 미치는 영향

운영 효율성은 기업의 수익성과 경쟁력에 직접적인 영향을 미치며, 기업 생존을 위한 필수적인 방어선이자 공격 무기가 됩니다.

| 가격 경쟁 우위 창출

낭비를 제거하고 프로세스를 최적화함으로써 경쟁사 대비 낮은 원가 구조를 확보할 수 있으며, 시장에서 가격 경쟁 우위를 창출하는 기반이 됩니다.

같은 품질을 더 저렴하게 제공하거나, 같은 가격에 더 높은 이윤을 남길 수 있게 됩니다.

| 신속한 시장 대응력(Agility)과 높은 품질 달성

최적화된 프로세스는 시장 변화나 고객 요구에 신속하게 대응(Agility)할 수 있는 유연성을 제공합니다.

프로세스의 오류와 변동성을 줄여 불량률을 낮추고 높은 품질을 일관되게 달성하고, 고객 만족도와 브랜드 신뢰도를 높이는 핵심 요소입니다.

2) 운영 혁신의 기초: 문화와 시스템

효율적 운영을 일시적인 이벤트가 아닌 지속 가능한 역량으로 만들기 위해서는 기업문화와 시스템의 변화가 필요합니다.

| 프로세스 표준화(Standardization)

최고의 성과를 내는 작업 방식을 표준화하고 문서화하여 누구나 일관된 품질로 업무를 수행할 수 있도록 하며, 오류를 줄이고 새로운 직원의 교육 기간을 단축합니다.

| 지속적인 개선(Continuous Improvement) 문화

'이것보다 더 잘할 수 없을까?'라는 질문을 멈추지 않고, 현장 직원들이 작은 문제라도 발견하고 개선할 수 있도록 권한을 부여하는 문화이며, 일본의 '카이젠(改善)' 철학처럼, 작은 개선들이 모여 거대한 혁신을 이루어 내는 기반이 됩니다.

실전 리더십(Practical Leadership)의 정의와 역할

전략과 효율적 운영을 연결하는 핵심 고리는 바로 리더십이고, 실전 리더십은 이론에 머무르지 않고 실제 현장에서 성과를 창출하고 변화를 끌어내는 능력을 의미합니다.

1. 실전 리더십이란 무엇인가?

실전 리더십은 조직 내에서 공식적인 직책이나 위계적 권위에 의존하지 않으며, 대신, 리더가 가진 실제적인 영향력과 문제 해결 능력으로 조직 구성원들을 움직여 성과를 창출하는 능력입니다.

- **실행력(Execution) 강조:** 리더십은 '무엇을 할 것인가(전략)'보다 '어떻게 실행할 것인가'에 초점을 맞추며, 전략을 단순히 문서화하는 것에 그치지 않고, 현실의 제약과 난관을 돌파하며 전략을 결과로 만들어내는 실행력을 조직 전체에 불어넣는 것이 핵심 임무입니다.

2. 전략적 리더십 vs. 운영적 리더십: 역할의 구분과 통합

성공적인 리더는 두 가지 다른 리더십의 역할을 이해하고 상황에 맞춰 발휘해야 합니다.

| 전략적 리더십(Strategic Leadership)
- **역할:** 장기적인 미래 비전을 제시하고, 시장을 분석하며, 자원을 어디에 투자할지 결정하는 방향 설정에 중점을 둡니다(주로 최고 경영진의 역할).

| 운영적 리더십(Operational Leadership):

- **역할:** 비전을 현실로 만들기 위해 현장에서 발생하는 문제를 해결하고, 프로세스를 개선하며, 팀원들을 독려하여 당면 목표를 달성하게 이끄는 데 중점을 둡니다.
- **통합의 중요성:** 실전 리더십은 이 두 가지 역할을 통합하며, 비전(전략)을 이해하고, 동시에 그 비전이 현장의 일상적인 활동(운영)과 연결되도록 시스템과 문화를 구축하는 것이 리더의 책무입니다.

3. 동기 부여와 비전 공유의 필요성

궁극적으로 리더의 가장 중요한 역할은 사람들을 움직이는 것이고, 특히 운영 혁신은 현장 직원들의 자발적인 참여 없이는 불가능합니다.

- **직원 몰입(Engagement) 증진:** 리더는 단순히 지시하는 사람이 아니라, 직원들이 자기의 일에 의미와 가치를 느끼고 자발적인 운영 혁신을 시도하도록 동기를 부여해야 합니다. 이는 금전적 보상 외에도 인정, 성장 기회, 심리적 안정감을 통해 달성됩니다.
- **비전의 현실화:** 리더는 전사적인 비전이 각 직원의 일상 업무와 어떻게 연결되는지 명확히 설명하는 비전 공유자의 역할을 하고, 직원들이 자신이 하는 일이 더 큰 목표에 기여하고 있음을 깨달을 때, 위계적 권위 없이도 최고의 성과를 창출하게 됩니다.

운영 효율성과 리더십의 연계 및 통합의 필요성

전략적 목표를 달성하고 운영 효율성을 지속 가능하게 유지하기 위해서는 전략, 리더십, 운영 시스템이 분리되지 않고 유기적으로 연결되어야 하며, 리더십은 이 세 요소를 결합하는 접착제 역할을 합니다.

1. 전략-리더십-운영의 일치: 성공적 실행의 유기적 연결고리

전략은 방향을 제시하고, 운영은 실행하며, 리더십은 이 둘을 연결하고 필자활성화하며, 이 세 요소가 일치하지 않으면 전략은 공허한 구호에 그치고, 운영 활동은 목적 없는 노동이 됩니다.

- **일치의 역할:** 리더십은 최상위의 전략 목표를 현장의 일일 운영 프로세스와 연결하는 유기적 연결고리를 만듭니다. 예를 들어, '차별화 우위'라는 전략 목표가 있다면, 리더는 운영 시스템(예: 품질 관리 프로세스)이 이 목표를 달성하도록 설계되고 실행되게 합니다.
- **실행의 완성:** 전략의 성공적인 실행은 리더십을 통해 현장의 운영 시스템에 내재화될 때 비로소 완성되고, 리더가 없다면, 전략은 운영팀에 전달되더라도 그 의미가 왜곡되거나 우선순위에서 밀려나기 쉽습니다.

2. 책임(Accountability) 문화 구축: 성과와 연계하는 리더십의 역할

효율적 운영은 결과에 대한 명확한 책임(Accountability)이 설정될 때 달성 가능합니다. 실전 리더십은 '책임 문화'를 구축하는 데 결정적인 역할을 합니다.

- **책임 소재의 명확화:** 리더는 설정된 운영 목표(예: 생산 시간 단축, 불량률 감소)에 대해 개인과 팀의 책임 소재를 명확히 하고, 책임이 모호하면 누구도 개선에 나서지 않습니다.
- **성과와 책임의 연계:** 목표 달성 여부를 공정한 평가 시스템과 연계하고 보상하며, 실패에 대해서도 회피가 아닌 학습과 개선의 책임을 부여하고, 리더의 역할은 이 과정에서 객관성과 투명성을 유지하는 것입니다.
- **권한 위임:** 책임을 부여하는 동시에, 직원들이 목표를 달성하기 위해 스스로 의사결정을 내릴 수 있는 권한을 함께 위임하여 주도적으로 운영을 개선할 수 있도록 유도합니다.

3. 현장 리더십의 중요성: Gemba의 문제 해결 능력

운영 효율성의 핵심은 사무실이 아닌 현장(Gemba, 겐바)에 있으며, 현장 리더십은 운영 효율성에 직접적인 영향을 미칩니다.

- **현장(Gemba) 지향:** 실전 리더는 탁상공론에 그치지 않고 현장에 직접 나가(Go to Gemba) 문제를 실제 발생하는 지점에서 관찰하고 파악해야 하며, 진정한 문제의 근원(Root Cause)을 이해하고 해결책을 도출해야 합니다.
- **문제 해결 능력 발휘:** 현장 리더는 단순히 지시하는 것이 아니라,

팀원들과 함께 문제 해결 방법론(예: PDCA 사이클)을 적용하고, 병목 현상(Bottleneck)을 제거하며, 프로세스를 개선하는 능력을 보여 줌으로써 팀원들의 신뢰를 얻습니다.

- **지속적 개선의 촉진:** 현장 리더가 지속적인 개선(Continuous Improvement)을 일상적인 활동으로 만들 때, 운영 효율성은 조직의 핵심 문화로 자리 잡게 됩니다.

재무 및 회계 관리 전략

기업의 건전성과 미래 성장 가능성을 판단하는 재무적 기반을 다루며, 재무 정보를 단순한 기록을 넘어 전략적인 의사결정의 도구로 활용하는 방법을 제시합니다.

1. 재무제표 분석을 통한 기업 진단

기업의 현재 상태와 재무적 강점, 약점을 객관적으로 진단하는 것은 모든 전략 수립의 출발점입니다.

| 주요 재무제표 해석 및 분석

- **재무상태표:** 기업의 장기적인 안정성을 판단하기 위해 자산, 부채, 자본 구조를 분석합니다.
- **손익계산서:** 매출 구조와 비용 통제 능력을 파악하여 기업의 수익성을 평가합니다.
- **현금흐름표:** 영업, 투자, 재무 활동을 통한 실제 현금의 유동성과 자금 운용 능력을 진단합니다.

| 핵심 지표(KPI) 분석 및 목표 설정

수익성, 안정성, 활동성을 진단하는 핵심 재무 비율(예: ROA, 부채비율, 재고 회전율)을 분석합니다.

재무 비율 분석을 통해 경쟁사 및 산업 평균 대비 기업의 위치를 파악하고, 재무 목표를 설정하여 전략적 우선순위를 결정합니다.

2. 자금 조달 전략의 수립

성장 단계와 투자 목표에 맞춰 재무적 위험을 관리하고 자본 비용을 최소화하는 최적의 조달 전략이 필요합니다.

| 최적의 자금 조달원 결정

기업의 성장 단계와 투자 목표에 맞는 조달원(예: 부채, 자기자본, 벤처 캐피탈, IPO 등)을 결정하여 자원의 효율성을 높입니다.

| 자본 구조 최적화 및 위험 관리

부채와 자기자본의 비율을 조정하여 가중평균자본비용(WACC)을 최소화하는 방안을 모색하며, 과도한 부채는 재무적 위험을 높이므로 리스크 관리에 중점을 둡니다.

3. 전략적 투자 결정 및 평가

한정된 자원을 기업의 장기 비전 달성에 가장 기여하는 프로젝트에 배분하는 체계적인 과정입니다.

| 투자안의 경제성 평가 방법론 활용

순현재가치(NPV), 내부수익률(IRR) 등 과학적 방법론을 활용하여 투자안의 경제적 타당성을 객관적으로 평가합니다.

투자 결정 후, 지속적인 모니터링과 사후 평가를 통해 실제 투자의 효율성을 검증하고, 그 결과를 다음 투자의사 결정에 피드백하여 조직의 학습 능력을 강화합니다.

효율적 운영과 초저가 원가 관리

1. 생산 및 프로세스 관리 최적화

운영 효율성의 핵심은 고객에게 가치를 전달하는 과정에서 발생하는 모든 낭비 요소를 제거하고 프로세스를 극대화하는 것이며, 곧 기업의 수익성과 직결되고, 경쟁 우위의 기반을 다집니다.

1) 생산 효율성 극대화

생산 현장에서의 효율성은 곧 원가 절감의 직접적인 원천이고, 체계적인 관리 기법을 통해 생산성을 최고 수준으로 끌어올려야 합니다.

- **공정 설계 최적화:** 생산 설비 및 작업장의 공정 설계를 개선하여 작업자의 불필요한 이동이나 제품의 대기 시간을 최소화해야 하며, 작업 흐름(Flow)을 원활하게 만들어 생산 속도를 높이고 인건비와 에너지를 절감하는 기본 단계입니다.

| 재고 관리(JIT, Just-In-Time 등)

재고는 창고 비용, 보험료, 관리 인력 비용 등을 발생시키는 대표적

인 낭비입니다.

JIT(적시 생산) 시스템을 도입하여 필요한 부품을 필요한 시기에, 필요한 만큼만 조달해 생산하며, 이를 통해 재고를 최소화하고, 재고 유지 비용은 물론 노후화(Obsolescence) 리스크와 재고 손실을 획기적으로 줄일 수 있습니다.

| 품질 관리(QC, Quality Control)

불량품 발생은 재작업, 폐기, 고객 불만 등으로 이어져 막대한 비용을 초래합니다.

생산 초기 단계부터 품질 검사 시스템을 철저히 구축하여 불량을 사전에 방비하고, QC 활동을 통해 불량률을 최소화하여 재작업 비용을 절감하며, 나아가 고객 만족도를 극대화할 수 있습니다.

2) 업무 프로세스 재설계(BPR)

단순히 현재의 프로세스를 일부분 개선하는 것을 넘어, 업무 프로세스 재설계(BPR, Business Process Reengineering)를 통해 비효율적인 프로세스를 근본적으로 혁신해야 합니다.

- **병목 현상 제거:** 전체 업무 흐름에서 정체를 유발하는 '병목 현상(Bottleneck)'을 식별하고, 해당 프로세스를 재설계하여 흐름을 원활하게 만들어야 합니다.
- **운영 리드 타임 단축:** BPR을 통해 불필요한 승인 단계, 중복 작업, 대기 시간 등을 제거함으로써 제품 생산이나 서비스 제공에

걸리는 전체 시간인 운영 리드 타임(Lead Time)을 획기적으로
단축할 수 있습니다.

- **민첩성 확보:** 리드 타임 단축은 시장과 고객 요구에 더욱 신속하
게 대응할 수 있는 민첩성(Agility)을 확보하게 해 주며, 이는 변화
하는 시장 환경에서 경쟁 우위를 유지하는 핵심 동력이 됩니다.

2. 공급망 관리(SCM)를 통한 가치 창출

1) 통합적 공급망 관리: 비용 절감과 효율 증대

통합적 공급망 관리는 제품이 원자재 단계에서 최종 고객에게 전달
되기까지의 전체 생애 주기에 걸친 모든 흐름을 하나의 단일 시스템
처럼 유기적으로 관리하는 전략적 접근법이며, 단순한 물류 효율을
넘어 기업 전체의 원가 우위와 시장 민첩성을 결정합니다.

(1) 전체 프로세스의 통합

성공적인 SCM의 첫걸음은 공급망을 개별 기능(조달, 생산, 재고, 운
송)으로 분리하지 않고 하나의 통합된 흐름으로 인식하는 것입니다.

원자재 조달부터 최종 고객 인도까지의 전체 프로세스를 관리 대상
으로 설정합니다.

각 기능 간의 경계를 허물고, 수직적/수평적 통합을 통해 프로세스
상의 불필요한 단계를 제거하여 총체적인 관점에서 최적화를 추구합
니다.

(2) 중복 비용 제거를 통한 물류 효율성의 획기적 개선

통합적 관리는 각 단계에서 발생하는 비효율성과 숨겨진 중복 비용을 식별하고 제거하는 데 주력합니다.

- **낭비 식별 및 제거:** 각 기능이 독립적으로 움직일 때 발생하는 과도한 안전 재고(재고 유지 비용 발생), 불필요한 이중 운송(물류 비용 증가), 부서 간 정보 전달 지연(기회비용 발생) 등의 비효율을 제거합니다.
- **총비용 관점:** 단일 기능의 비용 절감보다는 공급망 전체의 총비용(Total Cost of Ownership)을 최소화하는 관점에서 의사결정을 내리며, 전체 물류 효율성을 획기적으로 높여 궁극적으로 원가 우위를 확보합니다.

2) 정보 공유의 극대화: 수요 예측 정확도 향상

정보의 흐름은 제품의 흐름만큼이나 중요하고, 공급망 파트너 간의 실시간 정보 공유는 예측 정확도를 높여 비용 절감과 고객 만족을 동시에 달성합니다.

- **수요 예측 정확도 향상:** 최종 고객의 실제 판매 정보나 시장 트렌드를 공급업체와 즉시 공유함으로써 수요 예측의 정확도를 높이고, 과잉 생산 또는 제품 부족을 방지하여 재고 관련 리스크를 최소화합니다.
- **재고 수준 최적화:** 실시간 정보 공유를 통해 각 단계에서 필요한

재고 수준을 과학적으로 최적화할 수 있어, 재고 비용을 줄이면서도 결품을 방지합니다.

- **리드 타임 단축 및 고객 만족도 향상:** 불필요한 정보 전달 지연이 사라지면서 주문부터 납품까지 걸리는 리드 타임이 단축되고, 고객에게 더 빠르고 정확하게 제품을 인도할 수 있게 해, 고객 만족도와 서비스 품질을 향상시킵니다.

3) 리스크 분산 및 전략적 파트너십: 안정성과 품질 확보

글로벌 경영 환경은 지정학적 리스크, 재난, 무역 분쟁 등 예측하기 어려운 외부 충격에 취약합니다. 따라서 리스크 관리와 공급망 안정성 확보는 SCM의 핵심 목표가 됩니다.

| 공급망 다변화를 통한 리스크 분산

특정 국가나 지역에 대한 과도한 의존도는 공급망 중단 시, 기업 전체를 위기에 빠뜨릴 수 있으며, 공급망 다변화는 이러한 리스크를 분산시키는 기본적인 전략입니다.

- **복수 공급처 확보:** 핵심 원자재나 부품에 대해 여러 공급처를 확보하여, 어느 한 곳의 생산이 중단되더라도 대체 공급을 통해 타격을 최소화합니다.
- **생산 및 물류 거점 분산:** 생산 시설과 물류 창고를 여러 국가나 지역에 분산 배치함으로써, 예상치 못한 충격(예: 지진, 팬데믹, 국경 폐쇄)으로 인한 공급 중단 리스크를 최소화해야 하며, '하나

의 바구니에 모든 달걀을 담지 않는' 원칙을 실현하는 것입니다.

원가 절감 초저가 기조

초저가 원가 기조는 단순히 이윤을 낮추는 것이 아니라, 경쟁사 대비 구조적으로 낮은 비용을 확보하여 가격 경쟁 우위를 유지하는 핵심 전략이며, 이를 달성하기 위해서는 조직 전체가 참여하는 실질적인 원가 관리 방법이 필요합니다.

원가 절감, 초저가 기조는 첫 직장에서 시간이 많이 지난 후에 실행되었습니다. 근무 초기에 비해 근무조건은 말할 수 없이 많이 좋아졌고, 날이 갈수록 사람 같은 대접을 받게 되었으며, 정부 정책으로 2018년 7월 1일부터 주 52시간 근무제도가 시행되었고, 주 52시간 근무제도는 2021년부터 근무 환경이 열악한 중소기업에도 적용되기 시작하였습니다. 중소기업의 고민이 하나 더 늘게 된 셈이며, 나이 든 직장인에게는 조금은 생소한 내용이긴 하지만, 젊은이들은 근무 시간을 정확하게 따지는 편입니다.

대기업과 중견기업은 주 52시간에 따라 근무하고 있습니다. 문제는 중소기업의 사정이 그렇지 못하다는 데 있으며, 현재의 중소기업 수와 종업원을 살펴보면 다음과 같습니다.

우리나라의 중소기업은 기업 수의 90% 이상이고, 고용의 80% 이상을 차지하고 있으며, 경제의 근간이라고 할 수 있고, 중소기업은 대기업보다 경영 환경이 열악합니다. 그래서 정부는 중소기업을 위해 다양한 육성 정책을 펼치고 있으나 새로운 정책을 수립할 때 경영 환경

을 제대로 파악하여 시장에 급격한 충격을 주지 않도록 기업인의 생
각을 들어보고 정책에 반영해야 하는데, 그렇지 못해 이런저런 목소
리로 원성이 높습니다.

　최근 몇 년 동안 최저시급이 급등해, 기업은 인건비 부담이 매우 커
졌고, 최저시급은 2017년 6,470원에서 2018년 7,530원으로 16.4% 인
상되어, 기업의 원가 부담이 매우 커졌습니다. 최저시급은 2019년에
10.9% 인상 8,350원, 2020년에는 2.87% 인상으로 8,590원, 2021년에
는 1.5% 인상 8,720원, 2022년에는 5.05% 인상되어 9,160원, 2023년
에는 5.0% 인상 9,620원, 2024년에는 2.5% 인상 9,860원, 2025년
1.7% 인상 10,030원, 2026년 2.9% 인상되어 시급 10,320원이 됩니다.

　2026년 기준, 1개월 근무 시간인 209시간(평균)을 월급으로 환산 시
최저임금은 2,156,880원인 셈이고, 기업은 최저임금을 올린 만큼의 수
익성을 창출할 수 없는 것이 현실이며, 어찌 보면 기업을 경영하기가
무척이나 어렵고 의욕도 많이 꺾인 것 같습니다. 최저임금 관련 행위
가 누구의 책임인가? 전부 '나는 아니다'라고 답변할 것입니다.

　근로자들은 우리나라도 선진국처럼 근무 시간이 개선되어야 한다
고 요청하고 있으며, 주 52시간을 대기업에서 막상 시행해 보니 직장
인들은 일찍 퇴근하더라도 직장 밖에서 딱히 할 일이 없다고 합니다.
정부가 주 52시간을 시행하면서 기업이나 근로자에게 홍보를 제대로
했는지, 아니면 기업과 근로자에게 다른 문제가 있는지에 관한 판단
은 독자의 몫이고, 산업화 초기부터 직장생활을 했던 직장 근로자들
은 여가를 즐기기보다 열심히 일만 했고, 과거의 직장인들은 노는 연
습이 부족해 여가 시간을 제대로 활용할 줄 몰랐으며, 이것이 직장생

활을 많이 했던 직원들의 현실입니다.

시간의 흐름에 따라 사람은 변합니다. 그리고 잘 노는 연습도 중요합니다. 철이 들어 생각해 보니, 진정한 힐링(healing)이 가능해야 하고, 이런 과정을 겪으면서 단순한 노동에서 값어치 있고 사업성이 있는 일에 집중할 수 있어야 합니다. 그 과정에서 여가 시간을 제대로 활용하려면 체력 운동, 세계화에 동참할 수 있는 어학 실력 등 각자가 지속해서 성장하기 위해 철저한 준비가 요구되며, 향후 근무조건이 좋아지면 인건비는 크게 늘어날 것이고, 제조업은 지속적으로 자동화가 예측되는데, 직장인들은 이에 대비하여 자기 계발에 힘쓰지 않으면 직장생활을 계속하는 데 어려움을 겪을 수 있습니다.

과거에 중국 제품이 싸더라도 품질 문제 때문에 국산품을 사용했는데, 이젠 중국 제품도 국산품 못지않게 품질이 좋아졌으며, 품질도 중요하지만, 가격 측면에서 우리 기업도 원가 절감이 필수라고 생각합니다. 특히 중국을 구체적인 측면에서 주목하는 이유는 다음과 같습니다.

중국은 내수 부진에 따른 내수시장 성장률 하락으로 해외 시장을 재고 방출 출구로 이용하고, 기업들의 추가 성장을 위한 해외 시장 확장이 불가피합니다. 아울러 중국 플랫폼의 인공지능 등 첨단기술 역량은 매우 우수한 수준이고, 판매·반품 데이터를 활용해 소비자들과 직접 연결이 가능한 기술력이 축적되어 있습니다.

그리고 막강한 자본력을 기반으로 마케팅과 물류 투자 확대가 가능하고, 자본이 초저가 전략에 따른 적자 출현 뒷받침도 가능하며, 풍부한 생산 기반(세계공장)과 저렴한 노동력(인구 강국)을 활용하여 초저가 생산원가로 세계시장을 공략할 수 있습니다. 위와 같은 원인과 배경을 고려할 때 우리도 초저가 원가 관리 기조 유지에 대한 마인드가 절실히 필요합니다.

원가 의식의 전사적 확산: 모든 구성원의 참여 유도

원가 관리는 재무 부서만의 임무가 아닙니다. 기업 내 모든 부서와 모든 직원이 일상 업무 내에서 비용 절감의 기회를 찾고 실행하는 문화가 정착되어야 지속적인 원가 절감이 가능합니다.

| '낭비는 죄악' 인식 공유

린(Lean) 사고방식을 기반으로, 업무 프로세스 전반에 걸쳐 고객에게 가치를 제공하지 않는 모든 활동(과잉 생산, 대기, 불필요한 이동, 불량 등)을 낭비(Muda)로 정의하고 이를 제거해야 한다는 전사적인 인식을 공유합니다.

이는 단순히 비용을 아끼는 것을 넘어, 업무 효율을 높이는 혁신 활동으로 원가 절감을 바라보게 합니다.

| 원가 목표 설정 및 관리 시스템 구축

타겟 코스팅(Target Costing): 시장에서 판매해야 할 경쟁 가격을 먼저 설정하고, 여기서 기업이 원하는 목표 이익을 뺀 금액을 목표 원가로 설정하여 이를 달성하도록 제품 개발 및 생산 단계에서부터 원가를 역산 관리하는 시스템을 구축합니다.

이러한 시스템은 단순히 발생한 원가를 기록하는 것(사후 관리)이 아니라, 원가를 전략적으로 통제(사전 관리)하게 합니다.

전사적인 원가 의식의 확산은 현장 직원의 아이디어를 모아 작은 개선(카이젠)을 지속적으로 실행하게 하는 자발적인 운영 혁신의 기반이 됩니다.

핵심 공급업체와의 전략적 파트너십

단순히 단가 협상에만 집중하는 단기적 관계를 넘어, 장기적이고 전략적인 파트너십을 핵심 공급업체와 구축하는 것이 지속 가능한 공급망의 열쇠입니다.

1. 안정성 확보

- **신뢰 기반 우선 공급 보장:** 파트너와의 강한 신뢰 관계는 위기 상황에서 그 가치를 발휘합니다. 자재가 부족해지는 상황에서도 우선적인 공급을 보장받을 수 있어 생산의 연속성을 유지할 수 있습니다.
- **정보 투명성 증대:** 파트너의 생산 상황, 재고 수준, 잠재적 문제점 등에 대한 투명한 정보 공유를 통해 위험 요소를 사전에 감지하고 공동 대응할 수 있습니다.

2. 품질 확보

1) 품질 확보와 공동 혁신: 전략적 파트너십의 심화

전략적 공급망 파트너십은 단순한 조달 안정성을 넘어, 제품 품질의 근간이 되고 미래 성장의 동력이 되는 공동 혁신으로 발전해야 합니다.

2) 품질 확보: 공동 품질 관리의 중요성

최종 제품의 품질은 개별 기업만의 노력으로 보장될 수 없으며, 부품과 원자재를 공급하는 파트너의 품질 수준이 곧 최종 제품의 품질을 결정합니다.

- **공동 품질 관리:** 본사는 핵심 공급업체와 협력하여 부품 및 원자재에 대한 품질 표준(Quality Standards)을 공동으로 설정하고 관리합니다.
- **공정 개선 노하우 공유:** 본사의 품질 관리 노하우(예: Six Sigma, Lean 기법)를 파트너에게 전수하고, 파트너의 현장 지식을 본사에 통합함으로써 공급망 전체의 공정 효율성과 품질을 상향 평준화하고, 이를 통해 최종 제품의 품질 안정성을 확보하고 고객 신뢰를 높일 수 있습니다.

3) 공동 혁신(Co-Innovation)을 통한 시너지 창출

전략적 파트너십의 궁극적인 목표는 리스크 관리와 안정성을 넘어 새로운 가치를 공동으로 창출하는 것이며, 공동 혁신(Co-Innovation)은 경쟁 우위를 강화하는 강력한 시너지 효과를 낳습니다.

| 신기술 공동 개발

기업 내부 R&D 역량만으로는 어려운 영역에서, 파트너가 보유한 고유 기술이나 노하우를 활용하여 신기술을 공동으로 개발합니다.

이러한 협력은 개발 기간을 단축하고, 새로운 기능이 적용된 혁신적인 제품을 경쟁사보다 빠르게 출시할 기회를 제공합니다.

| 생산 및 물류 프로세스 혁신

파트너와 함께 생산 및 물류 프로세스를 근본적으로 재설계함으로써 공급망 전체의 운영 효율성을 극대화합니다.

이러한 총체적인 프로세스 혁신은 쉽게 모방할 수 없는 구조적인 원가 우위를 창출하여 기업의 경쟁력을 근본적으로 강화합니다.

<u>실전 리더십과 경영진의 책임</u>

이론적인 지식을 넘어, 현장 경험을 통해 체득된 경영진의 실제적인 역할과 효과적인 리더십 발휘 방법을 다루며, 조직을 목표로 이끌고 전략을 실행으로 옮기는 실행력을 강화하는 데 중점을 둡니다.

1. 리더십 유형과 상황적 의사결정

성공적인 경영진은 한 가지 리더십의 유형에 갇히지 않고, 조직과 환경의 변화에 맞춰 유연하게 리더십을 전환할 수 있는 상황적 리더십 능력을 갖춰야 합니다.

| 변화하는 리더십 유형의 유연한 적용

- **변혁적 리더십:** 조직의 비전과 가치를 제시하여 구성원의 잠재력을 끌어내고 조직 전체의 변화를 유도합니다. (주로 성장기나 위기 극복 시)
- **서번트 리더십:** 리더가 구성원의 성장을 돕고 지원하는 역할을 수행하며, 신뢰 기반의 협력적 문화를 구축합니다. (주로 안정기 및 지식 기반 조직)
- **카리스마적 리더십:** 리더의 강한 신념과 비전 제시로 조직 구성원들을 강력하게 결집시키고 동기를 부여합니다.

| 복잡한 상황에서의 의사결정 능력

복잡하고 불확실한 VUCA 환경에서, 리더는 산재한 정보를 신속하게 통합하고 분석하여 합리적인 의사결정을 내리는 프로세스를 갖춰야 합니다.

특히, 제한된 시간과 정보 속에서도 핵심 요소를 파악하고 책임을 지고 결단을 내릴 수 있는 능력을 배양하는 것이 중요합니다.

2. 경영진의 윤리적 책임과 투명성

기업의 장기적인 생존과 성장은 고객, 직원, 사회의 신뢰를 기반으로 하며, 경영진의 윤리적 책임과 투명성은 단순한 도덕적 의무가 아닌, 지속 가능한 경영을 위한 핵심 전략입니다.

- **윤리 경영의 중요성:** 단기적인 성과만을 추구하여 편법이나 불법적 행위를 감행할 경우, 기업의 장기적인 신뢰와 명성은 한순간에 무너집니다. 따라서 윤리 경영은 기업의 사회적 책임(CSR)을 다하고 잠재적 리스크를 사전에 방지하는 안전망 역할을 합니다.
- **투명한 정보 공개와 책임:** 이해관계자(주주, 직원, 고객, 지역 사회)에 대한 재무 정보, 경영 현황, 환경 영향 등 투명한 정보 공개를 통해 신뢰를 구축하고, 리더는 모든 경영 활동과 의사결정 결과에 대해 책임 있는 행동을 보여 줌으로써 기업의 명성과 이미지를 강화합니다.

조직 구조 설계 및 변화 관리

기업의 전략을 효율적으로 실행하고, 외부 환경 변화에 민첩하게 대응하기 위한 조직의 틀과 유연성을 확보하는 방안을 제시하고, 조직 구조는 기업의 전략을 담는 그릇이자, 실행력의 바로미터입니다.

1. 전략에 부합하는 조직 구조 설계

조직 구조는 기업의 전략적 목표를 달성하도록 설계되어야 하며, 부적절한 구조는 의사결정을 지연시키고 자원 낭비를 초래합니다.

| 다양한 조직 구조의 이해와 선택

- **직능별 구조(Functional):** 생산, 마케팅 등 기능별 전문성 극대화에 유리하지만, 부서 간 협업과 책임 소재가 불분명해지기 쉽습니다.
- **사업부별 구조(Divisional):** 개별 사업부에 시장 변화에 대한 민첩성과 전략적 자율성을 부여하지만, 중복 투자와 비효율이 발생할 수 있습니다.
- **매트릭스 구조(Matrix):** 기능과 프로젝트/사업부의 장점을 결합하여 유연성을 높이지만, 이중 보고로 인한 혼란과 갈등이 발생하기 쉽습니다.

기업은 규모, 산업 특성, 성장전략에 가장 적합한 구조를 선택하고, 주기적으로 그 적합성을 평가해야 합니다.

| 권한 위임과 책임 명료화

의사결정 권한을 현장과 가까운 계층에 위임하여 의사결정 속도를 높여야 합니다.

권한 위임과 동시에 목표 달성에 대한 책임(Accountability)을 명확히 하여 조직의 효율성을 극대화하고 책임 회피를 방지합니다.

2. 효율적인 커뮤니케이션 전략

정보의 흐름은 조직의 혈액과 같습니다. 효율적인 커뮤니케이션 전략은 정보의 왜곡을 방지하고 전략 실행의 투명성을 높입니다.

| 소통 채널의 활성화

수직적 소통(경영진-직원) 및 수평적 소통(부서 간) 채널을 활성화하여 정보의 왜곡이나 누락을 방지하고 투명성을 확보해야 합니다.

이를 위해 정기적인 타운홀 미팅, 크로스-펑셔널 팀(Cross-Functional Team) 운영, 투명한 보고 시스템 등을 활용합니다.

| 내부 마케팅 전략 실행

경영진의 비전과 전략을 전 직원이 단순히 '알게 하는 것'을 넘어 '명확히 이해하고 공감하도록' 만드는 내부 마케팅 전략이 필요합니다.

직원들이 자신의 일상 업무가 전사적 목표 달성에 어떻게 기여하는지 이해할 때, 몰입(Engagement)이 높아지고 실행력이 강화됩니다.

3. 변화에 대한 조직의 적응

기술 발전, 시장 변화, M&A 등 외부 환경 변화는 조직 구조와 프로세스의 불가피한 변화를 요구합니다. 조직의 민첩성(Agility)은 생존의 핵심 요소입니다.

| 변화 관리(Change Management) 기법 적용

변화는 종종 직원들의 저항을 수반하며, 변화 관리 기법은 이러한 저항을 최소화하고 조직의 변화 수용도를 높이는 체계적인 방법입니다.

변화의 필요성과 목표를 직원들에게 투명하게 공개하고, 변화의 과정에 직원들을 참여시켜 공감대를 형성하는 것이 중요합니다.

| 학습 능력 강화

변화된 역할과 프로세스에 대한 직원 교육 및 훈련에 대한 투자를 지속합니다.

조직이 변화 과정에서 발생한 성공과 실패를 분석하고 배우는 피드백 시스템을 구축함으로써, 미래의 변화에 더욱 효과적으로 대응할 수 있는 조직의 학습 능력을 높여야 합니다.

소통의 힘

1. 요약 잘하기

글이나 말(대화)을 간단명료하게 잘 요약하려면, 책을 많이 읽고 견문을 넓히며, 회의나 대화 시에 신경을 더 쓰고, 경청과 메모하는 습관을 키울 필요가 있습니다. 대화하거나 회의 또는 강의를 듣거나 전화 통화 시 말(대화)의 내용을 머릿속으로 요약 정리하는 습관을 기르려면, 일단은 자기의 생각이 먼저 요약되어야 합니다.

남에게도 짧은 시간 내에 제대로 된 의사(명확성)를 전달할 수 있으며, 자기 생각도 자연스럽게 정리할 수 있고, 듣는 사람도 쉽게 이해시킬 수 있어 말하려는 의도(목적)가 명확(제대로)하게 드러나면, 업무 처리도 신속하게 공유될 수 있어 소통도 잘되고 상호 협조도 잘 이루어질 수 있습니다.

요약을 잘하기 위해서는 다음과 같은 6가지가 중요합니다.

① 핵심 내용을 파악: 요약하려는 글의 핵심 내용을 파악하는 것이 중요하고, 주요 아이디어와 핵심 내용을 파악하여 요약에 포함해야 합니다.

② 구조적으로 정리: 글을 구조적으로 정리하여, 주요 아이디어와 관련된 내용을 그룹화합니다. 이렇게 하면 요약할 때 핵심 내용을 놓치지 않을 수 있습니다.

③ 자신의 언어로 표현: 요약할 때는 자신의 언어를 사용하여 핵심 내용을 간결하게 표현해야 하며, 글의 스타일을 따라 하거나 인용문을 과도하게 사용하지 않도록 주의합니다.

④ 불필요한 세부 사항을 제거: 요약할 때는 불필요한 세부 사항을 제거하고 핵심 내용에만 집중해야 합니다.

⑤ 예시를 활용: 예시를 활용하여 핵심 내용을 더 명확하게 설명해야 합니다.

⑥ **요약문을 다시 읽어 본다:** 요약문을 작성한 후, 다시 한번 읽어 보면서 핵심 내용이 잘 전달되었는지 확인하고, 필요하면 수정하고 보완해야 합니다.

2. 디테일의 힘

"1%의 실수가 100%의 실패를 부른다(《디테일의 힘》, 왕중추 지음)"라는 글은 디테일을 무시하면 대가를 치를 수 있음을 의미하며, 그만큼 디테일이 중요하다는 점을 강조한 것이고, 디테일은 기업의 성패를 좌우할 수 있으므로, 업무 추진 시 대충주의와 적당주의 관행에서 탈피할 필요가 있으며, 상부 지시에 따라 무조건 열심히 일만 하면 된다는 생각을 버리고, 세부 체크리스트(목록)에 따라 차근차근 점검하여 실수를 방지하는 것이 바람직합니다.

자료를 꼼꼼히 점검하는 습관이 우선이고, 자세히 살피지 않은 채 서류보다 자네만 믿고 결재하겠다는 자세를 버려야 하며, 디테일이 얼마나 중요한지를 깊이 인식할 수 있도록 정기적인 사내교육(교안 준비, 성공·실패 사례 중심 교육 권장)이 필요합니다.

디테일의 힘의 영향은 아래와 같이 5가지로 생각할 수 있습니다.

① 작은 것들이 큰 차이를 만들 수 있습니다: 작은 세부 사항들이 모여 큰 영향을 미칠 수 있다는 점을 기억해야 합니다.

② 세심한 주의가 중요합니다: 작은 것들에 주의를 기울이고 세심하게 처리하는 것이 중요합니다.

③ 완벽을 추구해야 합니다: 디테일의 힘은 완벽을 추구하는 태도를

장려하고, 작은 것들에도 신경을 쓰고 최선을 다하는 것이 좋습
니다.

④ 품질이 중요합니다: 디테일의 힘은 품질의 중요성을 강조하고,
작은 것들에도 신경을 쓰면, 더 높은 품질의 결과물을 얻을 수 있
습니다.

⑤ 지속적인 개선이 필요합니다: 디테일의 힘은 지속적인 개선을 장
려하고, 작은 것들도 계속해서 개선하고 발전시키는 것이 중요합
니다.

디테일의 힘은 작은 것들이 큰 영향을 미칠 수 있다는 것을 상기시
켜 주며, 세심한 주의와 지속적인 개선으로 더 나은 결과물을 얻을 수
있습니다.

3. 실천

모르는 부분은 나이와 학력과 관계없이 누구한테나 배웁니다. 지금
도 그렇습니다. 아는 사람에게 배우는 것은 당연하다고 생각합니다.
앞으로도 그럴 마음입니다. 나이와 직급과 관계없이 아는 사람이 스
승이고, 부족하고 모르면 그에게 배우면 됩니다. 모르는 것은 모르는
것이고, 아는 것이 아닙니다. 모르는 사람이 아는 척하면 그와 같은 바
보가 없을 것입니다. 필자는 핸드폰 기능에 관해 젊은 사람보다 잘 몰
랐습니다. 잘 알고 있는 여직원 등에게 커피 한잔하면서 모르는 부분
을 알기 쉽게 설명해 달라고 부탁했습니다. 요즘 젊은 사람들은 성의
없이 가르쳐 주는 것 같아 조금은 섭섭하기도 했습니다.

그들은 핸드폰 기능을 먼저 실행하고 "이렇게 하면 됩니다."라고 하면서 그냥 지나가 버립니다. 그것이 그들이 가르쳐 주는 방법입니다. 기성세대와 젊은이의 생각은 차이가 확연하고, 그만큼 세상은 빨리 변하고 있습니다. 나이 들어 옛날 방법만 고집하면 세대 차이로 고립되며, 이런 행동을 반복하다 보니 필자는 이젠 핸드폰을 사용하는 데 큰 문제가 없습니다. 지금도 모르는 부분이 있지만, 통상 사용하는 데 큰 불편은 없습니다. 기성세대는 젊은이에게 인공지능(AI)과 범용 인공지능(Artificial General Intelligence, AGI)의 기능이나, 올바른 핸드폰 사용법 등을 배워야 하고, 배우는 것을 부끄럽게 생각하지 말고 바로 실천하는 것이 부끄러움을 해소하는 올바른 길입니다. 대다수 기업은 성과관리(Key Performance Index, KPI) 목표로 계획하고 실천합니다.

영업, 생산, 관리부서는 조직을 효율적으로 운영하여 필요한 지표들을 일목요연하게 정리·관리합니다. 경영 책임자(CEO)는 많은 지표를 바탕으로 업무를 추진하고 실적을 관리하며, 시점에 맞는 합리적인 근거에 따라 효율성을 찾고, 경영 환경이 변하면 애초 수립한 KPI를 슬기롭게 변경시켜야 합니다. 기업경영 시 단점을 보완하지 말고 장점을 살리려는 스피드경영은 말보다 바로 실천하는 것이 중요합니다. 오늘은 내일과 다르다고 생각하며, 오늘 할 일은 오늘 해야 하고, 내일로 미루지 않은 것이 좋습니다. 내일은 다른 할 일이 기다리고 있기 때문입니다.

다시 요점을 정리하면,

1. 배움의 태도(나이, 학력, 직급 불문)

모르는 부분은 나이, 학력, 직급과 관계없이 누구에게나 배우고, 아는 사람이 곧 스승이며, 부족하면 그에게 배우면 됩니다.

모르는 것을 아는 척하는 것은 가장 어리석은 행동입니다.

필자는 핸드폰 기능을 젊은 직원에게 배웠으며, 비록 젊은 세대의 가르치는 방식(실행 위주)에 섭섭함을 느꼈지만, 꾸준히 배우고 실천한 결과 이제는 큰 문제 없이 핸드폰을 사용합니다.

2. 세대 간의 학습 필요성

기성세대는 젊은이들에게 인공지능(AI), 범용 인공지능(AGI) 기능이나 올바른 핸드폰 사용법 등을 배워야 합니다.

배우는 것을 부끄러워하지 말고 바로 실천하는 것이 부끄러움을 해소하는 올바른 길입니다.

3. 기업경영에서의 실천(KPI 및 스피드경영)

대다수 기업은 성과관리 지표(KPI)를 계획하고 실천합니다.

경영 책임자(CEO)는 많은 지표를 바탕으로 실적을 관리하고, 경영 환경의 변화에 따라 KPI를 슬기롭게 변경해야 합니다.

기업경영에서 단점 보완보다 장점을 살리는 스피드경영은 말보다 바로 실천하는 것이 중요합니다.

4. 오늘 할 일의 중요성

'오늘은 내일과 다르다'라는 생각으로, 오늘 할 일은 내일로 미루지

않고 오늘 해야 합니다. (내일은 다른 할 일이 기다리고 있기 때문입
니다)

　나이, 직급에 상관없이 모르는 것을 배우고 즉시 실천하는 태도의
중요성을 강조하며, 특히 기성세대는 젊은 세대로부터 AI나 새로운
기술 사용법을 배워야 합니다. 또한, 기업경영에서는 KPI를 환경 변화
에 맞춰 유연하게 조정하고, 장점을 살리는 스피드경영을 실천하되,
오늘 할 일을 내일로 미루지 않고 즉시 수행하는 것이 중요합니다.

3부

최고 경영자의 역할

Part 1. 대표이사 경험을 통한 경영책임과 사례

대표이사 경험을 통한 경영책임

이론을 넘어 실제 최고 경영자(CEO)가 현장에서 겪는 경험을 공유하며, 경영진이 가져야 할 강한 책임 의식과 구체적인 실무 점검의 중요성을 강조합니다.

| 경영 현장의 긴장과 몰입

겪는 실제적인 어려움, 사업 실패의 위기, 문제 해결을 위한 밤샘 노력 등 경영 현장의 높은 긴장감과 몰입 과정을 생생하게 공유합니다.

이를 통해 경영진이 가져야 할 강한 책임 의식, 불굴의 도전 정신, 희생정신이 조직에 미치는 긍정적 영향력을 강조합니다.

| 대표이사의 주요 점검 업무

기업 성과를 좌우하는 핵심 영역에 대해 경영자가 매일 혹은 정기적으로 직접 점검하고 개입해야 할 구체적인 실무 사항을 제시합니다.

- **영업:** 핵심 고객사의 반응, 주요 계약 진행 상황, 일일 판매 실적.
- **생산:** 핵심 공정의 불량률, 생산 리드 타임, 재고 수준.
- **재무:** 일일 현금 흐름, 주요 미수금/미지급금 현황, 예산 집행 상황.

| 책임 경영 실현

경영자는 자신의 의사 결정의 결과가 수많은 이해관계자의 삶과 기업의 존폐에 직접적으로 연결된다는 개인적 책임을 명확히 인식해야 합니다.

책임 의식을 바탕으로 신중하고 용기 있는 경영을 실천하는 방안, 즉 위험(Risk)을 인지하면서도 기회를 포착하는 결단력을 발휘하는 방법을 논합니다.

대표이사 경험 사례

대표이사를 경험한 리더는 보이지 않는 것도 볼 수 있어야 합니다. 필자는 표면적으로 드러나지 않은 기업에서 추정되는 현상인 향후의 트렌드(추세)를 볼 수 있어야 한다는 믿음으로 부품회사의 계열회사 소속 제조업체의 대표이사를 겸임하여 평소에 생각했던 경영 철학을 기본으로 멋진 기업을 만들기 위해 동료 임직원들과 함께 밤낮으로 노력했습니다.

기업경영의 성공은 혼자의 힘만으론 결코 이뤄지는 것이 아니고, 대주주(회장)의 지휘 감독 아래(그룹 경영이념에 따른 경영방침), 대표이사가 생각한 내용은 반드시 임직원과 함께 공유해야만 더 안전하게 더 멀리 갈 수 있고, 기업경영은 원활한 소통에 따른 합심의 힘이 절대적으로 필요합니다. 경영 성과의 과실은 공정하고 공평한 분배 절차의 공개가 필요합니다.

약속한 대로 반드시 실행해야 하며, 바로 실행력이 중요한 지점이며, 부품회사의 계열 소재 회사 대표이사 재직 시, 필자는 하루하루 노력하여 진행했던 혁신 활동의 내용을 글로 적어 임직원 공동명의(전체 직원이 소책자의 저자)로 사내 교육용 소책자를 만들었던 경험이 있으며, 부품회사에서 인수 전, 경영 환경이 매우 어려웠던 기업을 정상화하기 위해 준비된 절차에 따라 많은 일을 했고, "혁신 활동 기간에 추진했던 내용은 매우 힘이 들었다."라는 평가가 많았지만, 혁신 활동 종료 후엔 임직원 다수로부터 좋은 평가를 받았습니다.

생산성 활동에 참여했던 간부 직원이 다른 회사에 영입되어 그곳에서 그동안 제조회사에서 수행했던 내용을 동일하게 적용하였으며, 그 직원은 영입한 회사에서 수행한 혁신 활동을 높이 평가받아 임원으로 승진하게 되었다고 합니다.

그리고 퇴직한 직원이 필자를 찾아와 활동 당시에는 무척 힘이 들었지만, 개인이 발전하는 데 큰 힘이 되었고, 직장인으로 성장하는 데, 큰 도움이 되었다며 거듭 고맙다고 말했습니다.

그때 필자는 혁신 활동의 보람을 온몸으로 느낄 수 있었고, 다시금 이 책 속에 무엇을 남길 것인지 고민하게 되었고, 제조공장 내부의 환경 상태는 한마디로 걸레 상태였고, 더러운 걸레를 깨끗한 행주로 만드는 혁신 활동이 필요했으며, 임직원과 회의 결과 슬로건(표어)은 '즐겁게 일하자'로 결정했습니다.

직장에서 제일 잘 보이는 곳에 '즐겁게 일하자'란 슬로건을 걸어 놓았고, 신경 쓰지 않아도 출퇴근 시 모두 잘 보이는 장소를 선택했으니 모른다고 말할 수가 없었습니다. 필자는 혁신 활동으로 크게 두 가지를 수행했습니다.

첫 번째는 폐기물을 사용하다가 버린 기름으로 악취가 심했던 쓰레기장을 임직원의 힘으로 아름다운 꽃밭으로 변화시킨 것입니다.

지저분한 쓰레기장은 임직원이 날마다 보고 감상할 수 있는 아름다운 꽃밭으로 변했고, 악취가 심한 쓰레기장에서 꽃향기가 있는 꽃밭으로 변하자, 임직원의 눈빛이 달라졌습니다. 쓰레기장은 제조공장에서 볼 수 없는 참으로 깨끗한 환경으로 탈바꿈하게 되었고, 필자는 보기에 흉측하고 지저분했던 제조공장이 깨끗하고 밝은 환경으로 변화되는 걸 보고, 또 1개월간의 시한을 정하여 필요한 예산을 할당했고, 임직원에게 공장 내의 설비를 중심으로 3정 5행 실시를 주문했습니다. 물론 대표이사도 직접 참여했습니다.

두 번째 주문은 대표이사가 생산 현장을 맨발로 순회할 수 있게 하는 것이었고, 임직원은 노후화된 설비에서 기름이 많이 새는 제조공장의 현실에서 3정 5행이라는 단어는 생각할 수 없다는 눈치였습니다. 설비에서 기름이 새지 않으려면 설비의 기본 상태부터 바로잡아야만 가능했고, 바로잡는 데 보수기간과 자금이 필요했기 때문이었습니다.

필자는 촘촘한 계획을 수립하여 매일 매일 실행에 옮겼고, 사람이 마음을 먹으면 안 되는 일은 결코, 없다는 믿음이 있었습니다. 한 번 깨끗해지면 깨끗한 상태가 유지된다고 강조했고, 전국에 있는 고속도로의 사례를 들었으며, 우리나라 고속도로 화장실은 깨끗한 장소로 환골탈태해 세계에 자랑할 만한 곳이 되었습니다.

옛날 고속도로를 이용할 때 화장실에서 볼일을 보려면 매우 힘들었던 기억이 남아 있었습니다. 그 생각을 하며 필자는 1개월 후 생산 현장을 정식 순회했습니다.

대표이사부터 공장 내부를 맨발로 순회했으며, 이어서 임원과 팀장이 차례로, 맨발로 순회하여, 드디어는 모두가 맨발 순회를 할 수 있게 되었습니다. 그 순간 모든 임직원은 한순간에 놀라는 모습이었고, 임직원으로부터 작은 혁신 활동의 결과는 향후 지속 발전할 수 있겠다는 가능성을 확인할 수가 있었습니다.

지저분한 걸레가 깨끗한 행주가 된 셈이고, 두 번째는 부품회사의 계열회사 중에서 가장 멋진 소나무를 옮겨다 심은 것입니다.

처음에는 임직원 모두 신임 대표이사가 미쳤다고 한마디씩 거들었습니다. 하지만 식수한 소나무와 함께 공간마다 작은 꽃밭을 조성하니 직원들의 마음은 하나같이 순화되었습니다.

생산성과 품질 향상은 자동으로 따라왔고, 정말 기분 좋은 일이고, 직장생활하면서 기억에 남는 좋은 일이었습니다. 하지만 직장생활을 하는 동안 부끄러운 일, 그리고 직장인이 경험하기 힘든 서글픈 일도 있었습니다.

이런 내용을 후배 직장인에게 알려 주는 것이 선배로서 좋은 일인 것 같아 더욱 힘이 났습니다. 기업 규모의 대소를 막론하고 제조기업 대표이사는 공장에서 기계 소리가 멈추지 않는 한 걱정이 없는 날이 거의 없는 것 같습니다.

요약하면, 부품회사 계열 제조업체 대표이사의 혁신 경험과 경영 철학을 담고 있으며, 핵심은 리더의 통찰력과 멋진 기업을 만들겠다는 의지를 바탕으로, 원활한 소통과 공정한 성과 분배를 통해 임직원과의 합심을 이루는 것입니다.

특히, 혁신 활동은 '즐겁게 일하자'라는 슬로건 아래 쓰레기장을 꽃밭으로 바꾸고, 생산 현장을 맨발 순회가 가능할 정도로 청결하게 관리하는 등 환경 개선을 통해 임직원의 긍정적 태도 변화와 마음 순화를 끌어내어 생산성과 품질 향상이라는 구체적인 성과로 이어졌으며, 약속을 지키는 즉각적인 실행력이 중요함을 강조합니다.

대표이사는 대내적으로 업무를 수행하고, 대외적으로는 회사를 대표하는 주식회사의 상설 기관이고, 일정 규모 이상의 주식회사는 반드시 두어야 하는 대표적인 집행기관입니다.

대표이사는 원칙적으로 이사회에서 선임하지만, 정관에 따라 주주총회에서 직접 선임할 수도 있으며. 대표이사는 이사회의 위임 범위 내에서 업무 집행에 관한 세부적이고 일상적인 사항을 결정하고 집행할 수 있습니다. 지속 경영을 위해서는 경영 책임의 권한이 있는 대표이사가 중심이 되어야 하며, 기업은 사업모델을 기반으로 그 가치를 평가할 수 있으므로, 기업의 미래 설계를 기본으로 사업 확장, 특히 시장 확장 가능성 여부에 따라 기업 가치가 평가됩니다. 다음은 기업에서 중시하여 적용되는 원칙 경영입니다.

지속 성장을 위해서는 반칙 경영이 금물이며 반칙으로 말미암아 자칫하면 경영진의 도덕적 해이라는 불명예가 나올 수도 있고, 더불어 작은 실수가 기업의 존폐를 가름할 수 있어, 눈에 보이지 않는 리스크 관리가 중요합니다. 이는 경영자 능력에 속한다고 볼 수 있고, 그다음으로 기업에서 인적자원은 매우 중요하며, 경영진과 경영계획이 구성원의 신뢰를 받고 있는지에 관한 일종의 지표인 이직률도 한 부분을 담당합니다.

우리나라 기업은 산업화와 함께 급속도로 발전했고, 여기에서 빼놓을 수 없는 것이 재벌그룹이고, 한국 기업의 역사는 곧 재벌기업의 역사라고 할 수 있습니다.

확장 지향 주의와 혈통주의라는 한국형 기업문화는 재벌그룹이 주도했던 것 같고, 재벌그룹은 그동안 돈이 되거나 동종기업에서 추진하면 전문 분야가 아니더라도 사업 분야와 업종을 가리지 않고 확장을 시도했으며, 확장시킨 대기업을 2, 3세에게 순조롭게 물려주면서 재생산 거듭하고 있는 것이 현실이며, 최근에는 신생 대기업의 창업자가 자신의 욕심보다 함께 잘 사는 문화를 자연스럽게 선도하고 있는 것 같습니다.

바로 기부 문화가 그것이며, 선진국에만 있는 줄 알았던 기부 문화가 우리나라에서도 서서히 마음의 문을 열어가고 있는 듯합니다. 기업경영과 연관해서 조선시대 폭군을 다시 생각해 보면 필자는 조선시대 연산군의 폭정으로 조선의 운명이 달라졌다고 생각합니다.

당시 신하들은 연산군의 국정운영이 잘못됐다며 충언을 하기도 했지만, 연산군은 자기 생각에 반대하는 신하가 아무리 훌륭한 인재라도 사형을 시켰고, 그러나 아부한 신하에겐 높은 벼슬을 주는 안하무인의 정치를 펼쳤으며, 연산군은 신하들이 연산군의 잘못을 말하지 못하도록 신언패(愼言牌)를 목에 걸어 주기도 했습니다. 말의 중요성은 백번 말해도 부족하지만, 연산군은 비판의 소리를 듣지 않고 자신이 듣고 싶은 말만 듣고자 이런 조처를 한 것으로 보이며, 결국, 신하들은 나라를 위해 바른말 하기를 멈추었고 조선은 점점 쇠퇴하였습니다.

기업도 결코 예외는 아니며, 기업의 임직원도 대표이사에게 기분이 좋아지라고 달고 좋은 말만 해서는 안 되며, 기업의 발전을 위해서는 대표이사에게 경영에 보탬이 되는 올바른 제안을 하는 것이 필요하고, 기업에 제공되는 제안은 기업의 정책 수립에 기초가 되어야 하며,

기업은 이를 바탕으로 더욱 발전할 근거로 삼아야 하고, 대표이사는 대표이사가 아닌 회장이나 부회장, 사장 또는 부사장과 전혀 다릅니다. 대표이사는 법적인 책임이 상상하기 힘들 정도로 무한하며, 기업의 비전 수립부터 직원의 매월 급여까지 책임져야 합니다.

아울러 직원에게 약속한 급여는 정해진 날짜에 지급해야 하고, 물건을 팔아 수금한 자금이나 보유 자금으로 지급해야 하며, 보유 자금이 없거나 자금이 부족하면 금융기관 등에서 차입해서라도 임직원의 급여는 지정 일자에 반드시 지급해야 하는 의무가 있습니다.

대표이사의 임무는 직원의 생계유지가 기본이고, 미래지향은 둘째 문제입니다. 대표이사인 최고 경영자는 기업을 대표하고 기업경영을 총괄하며 조직을 관리하며, 최고 경영자가 되기 위해서는 사전에 단계별 훈련이 필요합니다. 각 대학교의 경영대학원 등에서 운영하는 이론적인 최고 경영자과정도 있지만, 실제 기업에서 복잡다단하게 이루어지는 현장경영 경험이 필요합니다. 최고 경영자의 공통적인 중요 업무는 인사관리 중 인재 채용과 인재 유지, 자금관리 중 유동성 확인입니다. 기업문화는 기업을 유지·발전시키는 데 기본적인 요소이며, 지속적인 혁신 활동은 지속 성장을 위한 촉진제이자 리더십이고, 최고 경영자는 임직원의 제안을 고려하거나 참고하여 최종적인 의사결정을 해야 하고, 임직원을 믿는다고 중요한 기업의 업무를 통째로 위임해서는 결코, 안 됩니다. 중요한 업무는 최고 경영자가 사실 관계를 직접 확인하고 판단해야 하며, 의사결정은 필수 요소이고, 임직원에게 중요한 업무를 위임하여 개인적인 손해가 발생하면 감당할 수 없는 일이 발생할 수 있으며, 인사관리 중 임직원의 급여 결정은 매우 중요하고, 원칙이 없는 불합리한 급여 관리 때문에 기업의 미래가 암울해질 수도 있습니다.

기업에서 필수 요원인 유능한 직원일수록 건의나 요청 사항이 없지만, 급여 관련 반응은 아주 민감하며, 입사 시나 회의 시 또는 별도로 약속한 내용을 지키지 않거나 다른 직원에 비해 역차별을 받는다는 느낌만으로도 조용히 이직을 준비할 수 있고, 직원의 급여는 기본이고 매우 중요하며, 인적 가치평가의 기준입니다. 한마디로 급여는 그 사람의 몸값이며, 더군다나 매월 급여 지급 의무는 기본이므로 하루라도 밀리면 신뢰를 잃습니다. 공휴일이나 토요일, 일요일에 겹쳐 있는 날의 급여는 급여일 전에 지급해야 직원 사기에 좋습니다. 직원들의 생계유지가 걸려있는 급여의 지급일은 더없이 중요합니다.

아무런 사유 없이 혹은 양해를 구하지 않고 직원의 급여 지급을 뒤로 미루거나 이를 망각해서는 처벌을 받을 수도 있으며, 과거에는 직원의 급여를 제때 지급하지 않더라도 나라의 전반적인 경제 사정상 이해하고 넘어가기도 한 적이 있었으나, 이제는 근로기준법의 강화로 최고 경영자는 이를 간과해서는 안 되며, 어떤 경우라도 직원의 급여는 체불되어서는 안 되고, 체불된 급여는 최우선으로 해결할 필요가 있습니다.

다시 정리하면,

대표이사의 무한한 법적 책임과 직원 생계유지 의무를 강조하는 실전적 경영 철학을 담고 있습니다.

대표이사는 이사회의 위임 범위 내에서 회사를 대표하고 지속 경영을 위해 기업의 미래 설계를 주도해야 하며, 특히 반칙 경영을 금지하고 연산군의 사례를 반면교사 삼아 임직원의 올바른 제안을 경청하는 것이 중요합니다.

최고 경영자는 이론을 넘어 현장 경험을 통해 긴장감을 인식하고, 인사/자금관리 등 핵심 업무를 직접 점검하며, 원칙 없는 불합리한 급여 관리에 유의해야 하며, 무엇보다 직원의 급여를 약속된 날짜에 최우선으로 지급하는 것이 기본적이고 가장 중요한 책무이며, 성공적인 경영은 CEO의 강한 책임 의식과 함께 임직원과의 소통, 비전 공유, 그리고 즉각적인 실행력을 통해 달성됩니다.

4부

성장을 위한 인적자원 및 기업문화

기업의 훌륭한 전략(Part I)과 효율적인 운영 시스템(Part II)은 결국 사람에 의해 실행되고 유지되며, 인적자원(HR)과 기업문화는 이 두 요소를 지속 가능하게 만드는 핵심 동력입니다.

인적자원(Human Resources, HR)을 단순한 비용이 아닌 경쟁 우위의 원천으로 인식하고, 조직 구성원의 잠재력을 극대화하여 기업의 전략 실행력을 담보하는 전략적 역할과 그 필요성을 정의합니다.

Part 1. 인적자원(HR) 관리의 전략적 정의 및 실행 시스템

인적자원(HR) 관리의 전략적 정의와 필요성

인적자원 관리는 기업의 비전과 전략을 달성하기 위해 인재를 확보, 개발, 동기 부여, 유지하는 체계적인 과정입니다.

1. HR의 역할 변화: 단순한 '관리' 기능에서 '전략적 파트너'로서의 진화

과거의 HR은 급여 계산, 근태 관리 등 단순한 행정 관리 기능에 머물렀습니다. 그러나 현대 경영에서 HR은 전략적 의사결정에 참여하며 기업의 성장을 주도하는 '전략적 파트너'로 진화했습니다.

- **인적 자본(Human Capital) 관점:** 기업의 성공을 위한 가장 중요한 자산은 인적 자본이며, 직원들이 보유한 지식, 기술, 경험, 창의성 등의 총합을 의미하며, 이를 경쟁 우위의 원천으로 인식하고 투자하는 것이 HR의 핵심 역할이고, HR 전략은 기업의 비즈니스 전략과 완전히 일치(Alignment)되어야 합니다.

2. 인재 확보와 육성이 성장에 미치는 영향

전략적 HR의 궁극적인 목표는 적재적소에 최고의 인재를 배치하고 그들의 잠재력을 최대한 끌어내는 것입니다.

- **핵심 인재의 생산성 프리미엄:** 소수의 핵심 인재는 일반 직원보다 훨씬 높은 생산성 프리미엄을 창출하며, 이들은 새로운 아이디어를 제시하고, 복잡한 문제를 해결하며, 기업 혁신을 가속화하는 엔진 역할을 합니다. 따라서 핵심 인재를 식별하고 특별 관리하는 것이 성장의 지름길입니다.
- **인재 유출(Turnover)로 인한 비용과 리스크 관리:** 핵심 인재의 유출은 단순한 재고 손실이 아니라, 대체 인력 채용 및 교육 비용, 업무 공백, 조직 지식 손실 등 막대한 비용과 리스크를 초래하고, HR은 매력적인 근무 환경과 보상 시스템을 구축하여 인재를 유지(Retention)하는 것을 최우선 과제로 삼아야 합니다.

3. 성과관리 시스템의 전략적 기능

성과관리 시스템(PMS)은 단순히 연말에 평가하는 도구가 아니며, 조직 구성원들의 노력을 기업의 전략적 목표 방향으로 집중시키는 전략적 도구입니다.

- **개인 목표와 전략 목표의 정렬(Alignment):** 효과적인 성과관리는 개인의 목표(OKR 또는 KPI)를 조직 전체의 전략 목표와 일치(정렬) 시키는 역할을 하며, 모든 구성원이 각자의 업무가 기업의 최종 성공에 어떻게 기여하는지 명확히 인식하고 자원을 한 방향으로 집중하게 됩니다.
- **지속적인 피드백과 개발:** 목표 설정과 평가 외에도, 성과관리는 지속적인 피드백, 코칭, 교육 및 훈련을 통해 직원들의 역량을 개발하고 잠재력을 성장시키는 전략적 기능을 수행합니다.

4. 기업문화(Corporate Culture)의 정의와 전략적 가치

기업문화는 단순한 분위기가 아니라, 기업의 모든 행동과 의사결정을 안내하는 보이지 않는 규칙이며, 전략의 성공적인 실행을 결정하고 조직의 지속적인 성장을 가능하게 하는 핵심적인 전략적 자산입니다.

1) 기업문화란 무엇인가?

기업문화는 조직 구성원들이 공유하는 가치, 믿음, 행동 양식의 총합으로 정의되고, 조직이 외부 환경에 적응하고 내부를 통합하기 위해 학습한 기본적인 전제들의 집합체입니다.

- **'일하는 방식'의 결정:** 문화는 공식적인 규칙이나 매뉴얼이 다루지 않는 부분, 즉 직원들이 특정 상황에서 '어떻게 행동해야 하는가?'에 대한 무언의 기준을 제시하며, 기업의 장기적 성과에 결정적인 영향을 미치는 무형의 자산이자 경쟁 우위의 원천이 됩니다.
- **핵심 가치(Core Values):** 기업문화는 정직, 혁신, 고객 중심 등 기업이 가장 중요하게 생각하는 핵심 가치를 통해 구체화됩니다.

2) 기업 문화가 성장에 필수적인 이유

강력하고 전략적인 기업문화는 조직 내부에 강력한 시너지를 창출하여 성장을 촉진하는 필수적인 요소입니다.

- **직원 몰입도(Engagement)와 동기 부여:** 긍정적인 기업문화는 직원들이 자신의 일에 의미를 부여하고 조직에 대한 소속감과 자부심을 느끼게 하고, 직원 몰입도를 높여 자발적인 동기 부여의 촉진제 역할을 하며, 궁극적으로 생산성 향상으로 이어집니다.
- **변화에 대한 적응력(Agility) 향상:** 전략 실행 과정에서 발생하는 조직적 저항을 줄이는 데 문화가 핵심적인 역할을 하며, 도전과 실험을 장려하는 문화는 변화의 필요성을 내부적으로 쉽게 수용하게 하여, 급변하는 시장 환경에 대한 조직의 적응력(Agility)을 획기적으로 향상시킵니다.

3) 학습 조직(Learning Organization) 문화의 필요성

지속 가능한 성장은 지속적인 학습 없이는 불가능하며, 학습 조직 문화는 조직이 경험을 통해 배우고 지식을 누적하는 체계를 의미합니다.

- **지속적인 학습과 지식 공유:** 학습 조직 문화는 개인과 팀의 지속적인 학습을 장려하고, 성공 및 실패 사례를 투명하게 공유하는 시스템을 구축하고, 특정 인력에게만 지식이 집중되는 것을 방지하고 조직 전체의 역량을 누적하고 발전시키는 기반이 됩니다.
- **오류의 포용:** 이 문화에서는 실패를 숨기지 않고 학습의 기회로 삼고, 오류를 통해 배우고 프로세스를 개선함으로써, 조직은 시간이 지날수록 더 똑똑하고 효율적으로 변모합니다.

인재 확보, 유지 및 동기 부여 전략

1. 전략적 인재 확보: 성장에 필요한 인재를 어떻게 정의하고 찾을 것인가?

인재 확보는 단순히 공석을 채우는 행정적 과정이 아니라, 기업의 미래 성장전략을 결정하는 핵심 투자 활동이고, 성장을 주도할 인재를 전략적으로 정의하고 유치하는 것이 성공적인 HR의 출발점입니다.

2. 급변하는 환경과 인재상의 재정의

외부 환경이 급변하는 시대(VUCA: 변동성, 불확실성, 복잡성, 모호성)에는 과거의 안정적인 인재상으로는 생존할 수 없고, 조직의 민첩성을 높이는 새로운 핵심 역량이 필요합니다.

- **VUCA 시대, 애자일 조직이 요구하는 핵심 역량:** 현시대의 인재는

전문성뿐만 아니라 협업, 유연성, 학습 민첩성(Learning Agility)을 갖춰야 합니다.

- 유연성: 변화를 두려워하지 않고 새로운 역할과 환경에 빠르게 적응하는 능력.
- 문제 해결 능력: 복잡하고 모호한 상황에서 창의적이고 실용적인 해결책을 도출하는 능력.

- **미래 성장을 주도할 하이 포텐셜(High-Potential) 인재의 특성:** 이들은 당장의 성과를 넘어 잠재적 성장 가능성이 높은 인재이고, 핵심 특성은 목표 달성에 대한 강한 의지, 분석적 사고력, 그리고 리더십 잠재력이며, 조기에 식별하여 집중적으로 육성하는 것이 중요합니다.

3. 효율적인 채용 전략 및 프로세스

필요한 인재를 정의했다면, 이제 그들을 효율적으로 유치하는 시스템을 구축해야 합니다.

- **인재 풀(Talent Pool) 구축을 위한 다양한 채널 활용 전략:** 우수 인재는 기업이 기다린다고 오지 않습니다.
  - 온라인 플랫폼 및 소셜 미디어: 타깃 인재가 활동하는 플랫폼에 맞춤형 메시지를 전달하는 디지털 채용 마케팅을 강화합니다.
  - 리퍼럴(Referral) 프로그램: 현직 직원 추천은 채용 비용이 낮고 조직 문화 적합성(Cultural Fit)이 높으며, 이직률이 낮은 우수 인재를 확보하는 가장 효율적인 채널입니다.

- **데이터 기반의 채용 결정:** 채용 과정을 객관적인 데이터로 관리해야 효율성을 높일 수 있습니다.
  - 채용 지표 관리: Time to Hire(채용에 걸리는 시간)와 Cost per Hire(인재 한 명당 채용 비용) 등의 지표를 정기적으로 분석하여 채용 프로세스의 병목 현상을 식별하고 개선합니다.
  - 데이터를 활용하여 특정 채용 채널의 성과나 면접관의 평가 편향성을 분석하고 합리적인 채용 결정을 지원해야 합니다.

4. 인재를 가려내는 면접 기법과 경험 설계

면접은 단순히 지원자를 평가하는 것을 넘어, 기업의 가치를 전달하는 접점입니다.

| 역량 기반 면접(CBI) 및 행동 질문 기법

- **CBI(Competency-Based Interview):** 추상적인 질문 대신, 지원자가 과거에 특정 상황에서 실제로 어떻게 행동했는지를 묻는 구체적인 질문 기법("이런 상황에서 당신은 어떻게 했습니까?")을 사용하여 미래의 행동을 예측하고 요구 역량과의 일치도를 정확하게 가려냅니다.

| 긍정적인 지원자 경험(Candidate Experience)을 통한 기업 이미지 제고

채용 여부와 관계없이 모든 지원자에게 투명하고 존중하는 태도로 면접 과정에 대한 피드백과 정보를 제공해야 하며, 긍정적인 지원자 경험은 채용에 성공하지 못한 지원자조차도 잠재적인 고객이나 브랜드 홍보 대사로 만드는 중요한 기업 이미지 제고 전략입니다.

5. 동기 부여를 극대화하는 보상 및 유지 시스템

인재를 성공적으로 확보하는 것만큼이나 중요한 것은 그들의 동기를 부여하고 장기적으로 조직에 묶어 두는(유지) 것이며, 보상과 유지(Retention) 시스템은 단순한 비용이 아닌, 경쟁 우위를 지속시키는 전략적 투자입니다.

1) 공정하고 경쟁력 있는 보상 체계 설계

보상 체계는 직원들의 동기 부여와 만족도에 직접적인 영향을 미치며, 인재 유치의 기본 전제가 됩니다.

- **시장 상황 반영 및 급여 벤치마킹**: 기업이 인재 시장에서 경쟁력을 갖추기 위해서는 시장 상황을 정기적으로 분석하고, 경쟁사 및 산업 평균 대비 급여 수준을 벤치마킹해야 합니다. '업계 최고 수준'이 아니더라도, 공정하고 합리적인 임금 구조를 제시하는 것이 중요합니다.
- **직무 가치 기반 보상 체계 검토**: 연공서열을 탈피하여 직무 가치 평가를 기반으로 한 직무급(Job-based pay)이나 역할 급(Role-based pay) 도입을 검토하며, 직원의 기여도와 시장 가치에 비례하여 보상함으로써 공정성을 높이고, 전략적으로 중요한 직무에 우수 인재를 배치하도록 유도합니다.

2) 성과 기반 인센티브 및 비금전적 보상의 활용

금전적 보상은 기본이지만, 동기 부여를 지속하기 위해서는 성과에 연동된 인센티브와 비금전적 보상을 전략적으로 활용해야 합니다.

| 성과 기반 인센티브 시스템 운영

개인 및 팀 성과와 연동되는 성과급 시스템을 운영하며, 이때, 인센티브의 기준은 KPI(핵심 성과 지표) 또는 OKR(목표 및 핵심 결과) 등 조직의 전략 목표와 명확히 연계되어야 하고, 직원들의 노력을 조직의 성공 방향으로 정렬시키는 핵심 도구입니다.

- **비금전적 보상의 힘(Total Rewards):** 금전적 보상 외의 요소가 직원 만족도와 충성도를 높이는 데 큰 역할을 합니다.
  - 유연 근무 및 복지 프로그램: 유연 근무제, 선택적 복지 제도 등 워라밸(Work-Life Balance)을 지원하는 프로그램은 직원들의 삶의 질을 높여 줍니다.
  - 인정(Recognition) 문화 구축: 공식적인 보상 외에, 리더와 동료들이 뛰어난 성과나 핵심 가치 실천을 즉각적으로 인정하고 칭찬하는 문화는 직원들의 자부심과 동기 부여를 극대화합니다.

3) 핵심 인재 이탈 방지 전략(Retention)

인재 유출은 단순한 공석이 아닌, 조직 지식과 핵심 역량의 손실입니다. 선제적인 유출 방지 전략이 필수적입니다.

- **퇴사 예측 모델과 사전 예방적 관리:** 과거 퇴사 데이터(퇴사율, 직무, 연봉, 상사와의 관계 등)를 분석하여 퇴사 가능성이 높은 직원을 사전에 예측하는 모델을 활용합니다. 예측된 인재에게는 개별화된 경력 개발 기회, 멘토링, 보상 조정 등을 선제적으로 제공하여 이탈을 방지합니다.

| 직원 몰입도(Engagement)를 높이는 조직 문화 및 리더십의 역할

인재가 조직을 떠나는 주요 이유는 '돈'이 아니라 '일하는 방식과 환경'이고, 리더십은 투명한 소통, 성장 기회 제공, 공정한 피드백 등을 통해 직원 몰입도를 높여야 합니다.

직원들이 자신의 업무에 의미를 발견하고, 조직에 헌신할 수 있는 긍정적이고 포용적인 조직 문화를 구축하는 것이 가장 강력하고 지속 가능한 이탈 방지 전략입니다.

4) 맞춤형 육성을 통한 미래 리더 확보

기업의 지속 가능한 성장은 현재의 성과뿐만 아니라, 미래의 복잡한 도전을 이끌어 갈 리더를 얼마나 체계적으로 확보하는지에 달려 있으며, 맞춤형 인재 육성은 성장을 위한 가장 중요한 투자입니다.

(1) 인재 육성의 핵심: 직무 전문성 강화와 리더십 개발

인재 육성 프로그램은 개인의 역량을 기업의 전략적 필요와 연결하는 이중의 초점을 가져야 합니다.

| 직무별 핵심 역량 모델(Competency Model) 구축 및 활용

각 직무에서 최고의 성과를 내는 데 필수적인 지식, 기술, 태도 등의 핵심 역량 모델을 정의합니다.

이 모델을 기반으로 직원의 현재 역량을 진단하고, 개인별 맞춤형 교육 및 훈련 프로그램을 제공하여 직무 전문성을 체계적으로 강화합니다.

| 계층별 리더십 프로그램의 설계와 운영

주니어 직급부터 임원까지, 각 계층에 요구되는 차별화된 리더십 역량을 정의하고 이에 맞는 프로그램을 설계합니다.

예를 들어, 주니어 관리자에게는 팀 관리 및 코칭 스킬을, 고위 경영진에게는 전략적 사고 및 변화 주도 능력을 중점적으로 개발하는 훈련을 제공하여, 조직 전체에 걸쳐 리더십 파이프라인을 구축합니다.

(2) 체계적인 경력 개발 경로(CDP)와 멘토링 프로그램

직원들이 조직 내에서 자신의 미래를 명확히 설계하고 성장할 수 있도록 지원하는 시스템은 이들을 조직에 묶어 두는 핵심 동기 부여 요소입니다.

| 직원 주도형 경력 개발 경로(CDP) 시스템

기업은 CDP(Career Development Path) 시스템을 제공하여 직원 스스로 자신의 장기적인 목표와 이를 달성하기 위한 필수 경험/학습 계획을 세울 수 있도록 돕습니다.

직원들에게 성장 비전을 제시하고, 그들이 자신의 경력을 주도적으로 관리한다는 만족감을 부여합니다.

| 성장 가속화를 위한 멘토링 및 코칭 시스템

- **공식 멘토링:** 경험이 풍부한 리더가 멘티의 경력 개발을 지원하고 조직 지식을 전수하는 체계적인 프로그램입니다.
- **비공식 코칭:** 일상적인 업무 환경에서 상사가 코치의 역할을 수행하며, 직무 수행 중에 발생하는 문제에 대한 실질적인 피드백과 조언을 제공하여 성장을 가속화합니다.

(3) 온보딩(Onboarding) 프로세스의 중요성

새로운 인재가 조직에 합류하는 초기 단계는 그들의 장기적인 성공과 이탈률에 결정적인 영향을 미칩니다.

- **체계적인 온보딩 프로그램:** 신규 입사자가 조직의 문화, 핵심 가치, 전략을 빠르게 이해하고, 자신의 직무 역할과 목표를 명확히 인지할 수 있도록 돕는 체계적인 온보딩(Onboarding) 프로그램이 필수적입니다.
- **빠른 정착 및 성과 창출 지원:** 단순한 서류 작업 안내를 넘어, 팀원 소개, 초기 필수 교육, 신입 직원 전담 멘토 지정 등을 통해 신규 입사자가 조직에 심리적으로 빠르게 정착하고 단기간 내에 성과를 낼 수 있도록 실질적인 지원을 제공해야 합니다.

성과 평가 및 피드백 시스템

전략적인 목표 설정: 무엇을 측정하고 어떻게 달성할 것인가?

성공적인 성과관리 시스템은 명확하고 전략적인 목표 설정에서 시작되며, 목표 설정은 조직의 노력을 하나의 방향으로 모으고, 구성원들의 실행력을 극대화하는 핵심 과정입니다.

1. 조직 목표와 개인 목표의 연계

개인의 활동이 조직의 전체 전략에 기여하도록 만드는 정렬(Alignment)이 목표 설정의 가장 중요한 전략적 기능입니다.

- **전사 목표의 변환과 정렬:** 전사의 거대한 목표를 각 팀과 개인의 구체적인 성과 목표로 변환하는 과정이 필수적입니다.
  - 하향식(Top-Down): 경영진이 설정한 전략적 목표가 각 부서와 개인에게 단계적으로 전달되어 명확한 방향을 제시합니다.
  - 상향식(Bottom-Up): 현장 직원들이 자신의 업무를 통해 조직 목표 달성에 기여할 수 있는 아이디어를 제시하고 목표를 설정하여 실행력을 높입니다.

| MBO와 OKR의 도입 및 운영 방안

- **MBO(Management By Objectives, 목표 관리):** 목표 달성 여부를 평가와 보상에 연계하여 책임감과 실행력을 높이는 데 중점을 둡니다.

- **OKR**(Objectives and Key Results, 목표 및 핵심 결과): 도전적인 목표(O)와 그 달성도를 측정하는 핵심 결과(KR)를 설정하여 빠른 성장과 혁신을 유도하는 데 중점을 두며, 투명한 공유와 잦은 피드백을 통해 조직 전체의 정렬을 촉진합니다.

2. 효과적인 KPI(핵심 성과 지표) 및 목표 설정 원칙

목표는 모호해서는 안 되며, 정확히 무엇을 측정할 것인지를 명료하게 정의해야 합니다.

- **SMART 원칙을 활용한 목표 설정:** 목표가 실질적인 성과로 이어지도록 다음의 다섯 가지 원칙을 준수해야 합니다.
  - **S**pecific(구체적): 목표가 명확하고 모호하지 않아야 합니다.
  - **M**easurable(측정 가능): 달성 여부를 숫자로 확인할 수 있어야 합니다. (KPI)
  - **A**chievable(달성 가능): 도전적이지만 현실적으로 이룰 수 있어야 합니다.
  - **R**elevant(관련성): 조직의 전략적 목표와 직접적으로 관련되어야 합니다.
  - **T**ime-bound(기한 명시): 목표 달성 시점이 명확해야 합니다.
- **비재무적 성과(역량, 태도)를 목표에 포함하는 방법:** 단기적인 재무적 성과 외에도 장기적인 성장에 필수적인 요소를 목표에 반영해야 합니다.
- **역량(Competency):** 리더십 스킬 향상, 특정 신기술 습득 등 직무

수행에 필요한 역량 개발을 측정 가능한 목표(예: 관련 자격증 획득, 교육 이수 후 프로젝트 적용)로 설정합니다.

- **태도/행동:** 협업, 혁신 참여, 윤리 준수 등 기업의 핵심 가치 실천과 관련된 행동 지표를 설정하여 목표 달성 과정의 질적 측면을 평가에 반영합니다.

3. 공정한 평가와 보상 연계: 신뢰를 구축하는 평가 시스템

성과 평가 시스템은 단순히 성적을 매기는 행위가 아니라, 조직 내 신뢰를 구축하고 직원들의 동기 부여를 결정하는 핵심 도구이고, 평가 결과가 보상과 연계될 때, 그 공정성은 무엇보다 중요해집니다.

1) 평가의 객관성 확보를 위한다면 평가 시스템

객관적이고 다각적인 평가를 통해 평가의 신뢰도를 높이는 것이 필수적입니다.

| 360도 피드백의 장점과 한계

- **장점:** 상사 외에 동료, 부하직원, 고객 등 다양한 관점을 반영하여 평가의 객관성과 균형성을 높이고, 평가 대상자의 행동 변화를 촉진합니다.
- **한계:** 평가자 간의 익명성 보장 문제, 동료 간의 담합 또는 보복성 평가 리스크, 평가 결과 취합 및 분석에 드는 시간과 비용 증가 등이 있습니다. 도입 시에는 명확한 목적 설정과 신중한 설계가 요구됩니다.

| 평가자 교육 및 평가 오류 최소화 방안

아무리 좋은 시스템도 평가자가 오류를 범하면 무용지물이고, 평가자에게 평가 기준과 기법에 대한 정기적이고 체계적인 교육을 제공해야 합니다.

- **평가 오류 최소화:** 후광 효과(특정 장점이 전체 평가에 영향을 미치는 것), 관대화 경향(모두에게 높은 점수를 주는 것), 중앙 집중화 경향 등을 이해하고, 이를 바로잡기 위한 캘리브레이션(Calibration) 회의나 소프트웨어 보정 등의 방안을 적용하여 평가의 일관성을 확보해야 합니다.

2) 평가 결과의 활용과 보상의 공정성

평가 결과는 단순한 점수가 아닌, 인력 운영과 투자를 결정하는 중요한 전략적 기반이 됩니다.

| 성과 등급에 따른 차등 보상(Merit Pay) 및 승진 연계

- **차등 보상:** 평가 등급에 따라 연봉 인상분이나 성과급(Merit Pay)에 명확한 차등을 두어 고성과자에게 정의로운 보상을 제공하고, 조직 전체의 성과 지향 문화를 강화합니다.
  - 승진 연계: 평가는 핵심 인재 식별의 주요 도구가 되며, 승진 및 보직 이동의 주요 기준으로 활용되어 경력 개발 경로(CDP)와 연결되어야 합니다.

| 저성과자 관리(PIP)와 고성과자 우대 정책

- **저성과자 관리(PIP, Performance Improvement Plan):** 저성과자에게는 명확한 개선 목표와 기간, 필요한 지원(코칭, 교육)을 제공하는 PIP를 적용하여 성과 개선의 기회를 줍니다. 개선 의지가 없거나 역량이 부족한 직원에 대해서는 조직 차원의 어려운 결정을 내리는 근거가 됩니다.
- **고성과자 우대 정책:** 고성과자에게는 높은 보상 외에 경영 참여 기회, 핵심 프로젝트 주도, 맞춤형 리더십 개발 등 특별한 혜택을 제공하여 이들의 조직 몰입도(Retention)를 극대화하고, 이들이 미래 리더로 성장하도록 지원해야 합니다.

3) 상시 성과관리(Continuous Performance Management) 문화

빠르게 변화하는 경영 환경에서는 1년에 한 번 진행하는 연례 평가만으로는 충분치 않습니다. 상시 성과관리(Continuous Performance Management)는 성과를 지속적으로 논의하고 개선하며, 직원 성장을 촉진하는 현대적인 방식이며, 조직의 민첩성(Agility)을 높이는 핵심 문화입니다.

(1) 연례 평가를 넘어 상시 피드백 문화 구축

상시 성과관리는 평가를 넘어 코칭과 개발에 초점을 맞춥니다.

- **정기적인 1on1(일대일 코칭) 미팅:** 성과관리의 핵심은 정기적인 1on1 미팅하며, 연말에 과거를 평가하는 자리가 아니라, 현재 진

행 중인 목표에 대한 진행 상황을 확인하고, 장벽을 제거하며, 실시간 코칭을 제공하는 공식적인 성과관리 사이클이고, 이를 통해 목표를 유연하게 조정하고 문제 발생 즉시 해결할 수 있습니다.

- **성장 지향적인 피드백 제공 기법:** 피드백은 직원에게 좌절감을 주지 않고 성장 동력이 되도록 제공되어야 합니다.
- **SBI(Situation-Behavior-Impact) 모델:** 피드백을 제공할 때, 구체적인 상황(Situation), 그 상황에서 보인 직원의 행동(Behavior), 그리고 그 행동이 결과에 미친 영향(Impact)을 명확하게 구분하여 전달하며, 직원이 무엇을, 어떻게 개선해야 할지 정확히 이해하도록 돕는 가장 효과적인 기법입니다.

(2) 성과관리 시스템(PMS)의 디지털 전환

상시 성과관리의 효율성을 높이고 데이터를 축적하기 위해서는 IT 기술을 활용한 시스템 구축이 필수적입니다.

- **IT 솔루션을 활용한 관리:** IT 솔루션은 목표 설정 및 추적, 실시간 피드백 기록, 1on1 미팅 내용 저장 등을 디지털화하고 자동화하며, 이를 통해 관리자와 직원은 언제든 자신의 목표와 피드백 기록을 확인하고 논의할 수 있어, 성과관리의 투명성과 효율성이 크게 향상됩니다.
  - 데이터 기반 의사결정: 시스템에 축적된 목표 달성도, 피드백 내용, 역량 개발 기록 등의 데이터를 활용하여 인재 개발 투자, 보상, 승진 등 HR 관련 의사결정을 감(感)이 아닌 객관적인 데

이터에 기반하여 수행하고, HR 시스템의 신뢰도를 높이고 전략적 기능을 강화합니다.

학습 조직 구축과 직원의 역량 개발

학습 조직의 이해와 구축 전략

학습 조직(Learning Organization)이란 환경 변화를 감지하고, 그 경험으로부터 지속적으로 학습하며, 이를 바탕으로 스스로를 끊임없이 변화시키는 조직을 의미하며, 단순한 교육 프로그램을 넘어, 기업 문화와 시스템 자체가 학습을 촉진하는 구조를 갖추는 전략적 목표입니다.

1. 학습 조직의 필요성

오늘날과 같이 급변하는 VUCA(변동성, 불확실성, 복잡성, 모호성) 환경에서 학습 조직은 기업의 생존과 성장을 위한 필수 조건이 되었습니다.

| 환경 변화에 대한 조직의 민첩성(Agility) 확보

학습 조직은 시장 트렌드, 경쟁사의 움직임, 고객 요구 변화 등 외부 환경의 미세한 신호를 빠르게 포착하고 해석합니다.

이러한 정보를 바탕으로 전략과 운영 프로세스를 신속하게 조정하여, 조직 전체가 변화에 민첩하게 대응(Agility)할 수 있는 능력을 확보합니다. 이는 경쟁 우위를 지속시키는 핵심 동력입니다.

| 개인의 학습을 조직의 지식 및 역량으로 전환하는 메커니즘

개인의 경험이나 혁신적 아이디어가 한 사람에게만 머물러서는 조직 전체의 성과로 이어지지 않습니다.

학습 조직은 지식 경영 시스템(KMS), 정기적인 지식 공유 세션, 사례 연구(Post-Mortem) 등을 통해 개인의 학습을 문서화하고 공유하여 조직의 공식적인 지식 및 역량으로 누적시키는 체계적인 메커니즘을 구축하며, 특정 인력에 대한 의존도를 낮추고 조직의 집단 지성을 강화합니다.

| 조직 학습을 위한 시스템과 문화

- 실패를 용인하고 경험을 공유하는 학습 문화 조성.
- 조직 내 지식 공유 및 학습을 촉진하는 리더십의 역할.

2. 효과적인 교육 및 훈련 프로그램 설계

교육 및 훈련(T&D) 프로그램은 단순히 지식을 전달하는 것을 넘어, 기업의 전략적 목표 달성에 필요한 역량을 체계적으로 개발하는 투자 활동이고, 효과적인 프로그램 설계는 인재의 현재 역량과 미래 필요 역량 사이의 격차를 해소하는 데 중점을 둡니다.

1) 체계적인 교육 훈련 시스템(T&D) 구축

교육의 효과를 극대화하기 위해서는 주먹구구식이 아닌, 과학적이고 체계적인 시스템을 구축해야 합니다.

| 요구 분석(Needs Assessment)을 통한 프로그램 설계

교육 프로그램을 설계하기 전에, 조직, 직무, 개인 수준에서 현재 역량과 필요 역량 간의 격차를 정확히 분석하는 요구 분석이 선행되어야 합니다.

분석을 통해 정확히 어떤 교육이 필요한지를 파악하고, 교육 자원을 가장 효과적인 곳에 집중적으로 배분합니다.

| OJT(현장 훈련) 및 멘토링 프로그램 활성화

가장 효과적인 학습은 실제 업무 현장에서 발생하며, OJT(On-the-Job Training)는 직무 전문가를 양성하는 핵심 수단으로, 직속 상사나 선배가 실무 지식과 노하우를 직접 전수합니다.

멘토링 프로그램을 통해 신입이나 주니어 직원들이 조직 문화, 업무 처리 방식 등을 체계적으로 배우고, 심리적인 안정감을 얻으며 빠르게 조직에 정착하도록 돕습니다.

2) 미래 직무 대비를 위한 재교육 및 역량 강화

기술과 시장의 변화 속도가 빨라지면서, 기존 인력의 역량을 재정비하는 재교육(Reskilling) 과 역량 강화(Upskilling)가 기업 생존을 위한 필수 투자가 되었습니다.

| 4차 산업혁명 시대 필수 역량 교육

기업의 미래 성장을 위해 데이터 분석, AI 활용 능력, 클라우드 컴퓨팅 등 4차 산업혁명 시대에 필수적인 역량을 전사적으로 교육해야 합니다.

이러한 교육은 특정 부서에 국한되지 않고, 모든 직원이 데이터 기반 사고를 할 수 있도록 조직 전체의 역량 표준을 높이는 데 중점을 둡니다.

| 다양한 학습 방식 도입

직원들의 몰입도와 학습 효율을 높이기 위해 전통적인 집합 교육 외에 다양한 방식을 도입해야 합니다.

- **마이크로러닝(Micro-learning)**: 짧고 집중도 높은 영상이나 콘텐츠를 활용하여 이동 중이나 업무 중간에도 학습이 가능하게 해 학습의 접근성을 높입니다.
- **온라인 학습 및 혼합형 학습(Blended Learning)**: 시공간의 제약 없이 반복 학습이 가능한 온라인 플랫폼을 활용하고, 이를 OJT나 그룹 토론 등 오프라인 활동과 결합하여 학습 효과를 극대화합니다.

3) 지식 경영(Knowledge Management)을 통한 조직 역량 축적

지식 경영(KM)은 개인의 경험과 노하우를 조직 전체의 영구적인 자산으로 만들고, 이를 전략적으로 활용하여 기업의 집단 지성과 경쟁 우위를 높이는 활동입니다. 이는 학습 조직을 구축하는 핵심 기반입니다.

(1) 지식 경영 시스템(KMS) 구축 및 운영

지식 경영 시스템은 조직 내 지식의 흐름을 체계화하고 효율적으로 관리하기 위한 인프라입니다.

- **핵심 지식의 체계화:** 기업 활동을 통해 생성된 핵심 지식, 성공 및 실패 노하우, 베스트 프랙티스 등을 발굴하고, 이를 누구나 쉽게 저장하고 검색 가능하게 하는 KMS를 설계해야 합니다.

KMS는 직원이 정보를 찾을 때 드는 시간과 비용을 최소화하여 업무 효율을 높입니다.

| 암묵지(Tacit Knowledge)의 형식지(Explicit Knowledge) 전환

암묵지는 개인의 경험, 직관, 노하우 등 말로 표현하기 어렵고 개인에게 내재된 지식입니다(예: 숙련공의 기술 감각).

형식지는 문서, 데이터베이스, 매뉴얼 등 명확하게 표현되고 공유 가능한 지식입니다(예: 기술 보고서, 매뉴얼).

지식 경영은 인터뷰, 스토리텔링, 표준화된 문서화 프로세스 등을 통해 암묵지를 형식지로 전환하여 특정 개인의 퇴사로 인한 지식 손실을 방지하고 조직 전체의 역량으로 축적하는 방안을 모색합니다.

(2) 공동체(CoP: Community of Practice)를 통한 지식 공유

공식적인 시스템 외에도, 직원들의 자발적인 참여를 유도하는 비공식적인 지식 공유 채널이 중요합니다.

- **자발적 학습 및 문제 해결:** CoP(Community of Practice, 실행 공동체)는 특정 관심사, 직무, 기술적 문제를 공유하는 직원들이 자발적으로 모여 지식을 교환하고 함께 문제 해결 방안을 모색하는 공동체입니다(예: 데이터 분석가 그룹, 특정 생산 공정 개선팀).

- **문화적 연결고리:** CoP는 단순히 지식을 공유하는 것을 넘어, 상호 신뢰와 협력을 기반으로 하는 학습 문화를 조직 내에 확산시키는 문화적 연결고리 역할을 하고, 조직 전체의 집단 지성이 강화되며, 혁신적인 아이디어가 현장에서 자연스럽게 발화될 수 있는 기반을 마련합니다.

인적자원과 문화의 통합: 전략 실행의 완성

인적자원(HR)과 기업문화는 따로 존재하는 개념이 아니고, HR 시스템은 조직의 가치와 믿음을 담아내는 구체적인 실행 도구이며, 이 둘의 완벽한 통합은 기업의 전략을 현장에서 성공적으로 구현하고 지속 가능한 성장의 기반을 구축하는 마지막 단계입니다.

1. HR 시스템과 문화의 상호 작용

HR 시스템(채용, 평가, 보상 등)은 기업문화를 단순히 반영하는 것을 넘어, 문화를 형성하고 강화하는 가장 강력한 도구입니다. 시스템이 곧 문화의 언어이기 때문입니다.

| 보상, 평가, 채용 시스템의 문화 형성 역할

- **보상 시스템:** 성과급, 개인 보너스에 중점을 둔 시스템은 경쟁적이고 개인주의적인 문화를 촉진하고, 반면, 팀 단위의 보상이나 이익 공유 시스템은 협력적이고 공동체적인 문화를 강화합니다.
- **평가 시스템:** 오직 개인의 단기 성과만을 평가하는 시스템은 결과 중심의 압박 문화를 형성할 수 있으며, 반면, 360도 피드백, 핵심 가치(Core Values) 준수도 평가 등을 포함하는 시스템은 투명하고 윤리적인 문화를 장려합니다.
- **채용 시스템:** 채용 과정에서 단순히 기술적 능력뿐 아니라 기업

문화 적합성(Cultural Fit)을 중요한 기준으로 삼으면, 조직의 기존 문화는 시간이 지날수록 더욱 공고해지고 강화됩니다.

2. 지속 가능한 성장의 기반 구축

인적자원과 문화의 통합은 기업이 단기적 성과를 넘어 장기적인 신뢰와 성장을 추구하는 지속 가능 경영의 기반을 마련합니다.

| 지속 가능성 가치의 내재화

윤리 경영, 사회적 책임(CSR), 환경(ESG) 등 지속 가능성의 핵심 가치들을 단순한 슬로건이 아닌 기업문화에 내재화해야 합니다.

HR 시스템은 이러한 가치를 실천하는 직원에게 보상과 승진 기회를 제공함으로써, 조직 전체가 지속 가능성을 중요하게 여기도록 행동을 유도합니다.

| 직원-고객-재무 성과의 선순환 구조

강력하고 긍정적인 문화는 직원 만족도(Employee Satisfaction)를 높입니다.

만족도가 높은 직원은 고객을 대하는 태도와 서비스 품질을 향상시켜 고객 만족도(Customer Satisfaction) 증진으로 이어집니다.

결국 고객 충성도 증가는 재무 성과 향상으로 이어져, 이익을 다시 직원에게 재투자할 수 있는 선순환 구조가 완성되며, 이처럼 문화는 기업의 성장과 성공을 위한 궁극적인 보이지 않는 인프라 역할을 수행합니다.

지속 가능한 기업문화 구축

1. 윤리 경영과 투명성: 신뢰를 만드는 토대

윤리 경영과 투명성은 기업의 단기적 성과를 넘어 장기적인 생존과 성장을 보장하는 근본적인 토대이며, 기업이 이해관계자(Stakeholders)와 신뢰를 구축하고 사회적 명성(Reputation)을 유지하는 핵심 기반입니다.

1) 기업 윤리의 정립 및 실천

기업 윤리는 모든 경영 활동의 기준이 되는 최소한의 가이드 라인이며, 조직 전체에 명확히 전파되어 실제 행동으로 이어져야 합니다.

| 윤리 강령 및 행동 규범의 수립과 전파

기업이 추구하는 최고의 윤리적 가치를 담은 윤리 강령을 명문화하고, 일상 업무에서 실천해야 할 구체적인 기준인 행동 규범을 수립합니다.

이러한 규범은 모든 신규 및 기존 직원에게 정기적인 교육과 훈련을 통해 철저히 전파되어, 조직 문화의 일부로 내재화되도록 해야 합니다.

| 준법 경영(Compliance) 시스템 구축

단순히 법을 어기지 않는 것을 넘어, 적극적인 준법 경영 시스템을 구축하여 잠재적인 법률 및 윤리적 리스크를 사전에 예방해야 합니다.

- **이해 상충 방지(Conflict of Interest):** 직무 수행 중에 발생하는 개인적 이익과 회사 이익 간의 상충 가능성을 관리하고 통제하는 체계를 확립합니다.
- **공정 거래 원칙:** 경쟁사, 공급업체, 고객과의 모든 거래에서 투명하고 공정한 원칙을 준수하는 가이드 라인을 제시하고 철저히 감독합니다.

윤리 시스템은 내부 고발 제도(Whistle-blowing system) 등을 통해 투명성을 확보하고, 위반 시에는 무관용 원칙을 적용하여 조직의 신뢰를 유지해야 합니다.

| 내부 고발(Whistleblowing) 시스템과 투명한 의사결정
- 내부 비리 방지를 위한 시스템 운영과 익명성 보장.
- 리스크 관리 및 위기 상황 발생 시 윤리적 대응 방안.

2. 사회적 책임(CSR) 및 ESG 경영의 실천

현대 기업은 경제적 성과뿐만 아니라 사회적 책임(CSR)을 이행하고 ESG(환경, 사회, 지배구조) 원칙을 경영 전반에 내재화해야 하며, 기업의 평판을 높이고 장기적인 생존 및 투자 가치를 결정하는 핵심 전략입니다.

1) 기업의 사회적 책임(CSR) 활동의 전략적 접근

CSR 활동은 단순한 자선 행위가 아니라, 기업의 비즈니스와 사회적

가치를 연결하여 공동의 가치를 창출하는 전략적 활동으로 진화해야
합니다.

- **공유 가치 창출(CSV, Creating Shared Value):** 단순한 기부 활동
  을 넘어, 기업의 핵심 역량과 관련된 사회 문제를 해결함으로써
  경제적 가치와 사회적 가치를 동시에 창출하는 전략을 추진합니
  다. 예를 들어, IT 기업은 교육 격차 해소를 위해 코딩 교육 프로
  그램을 제공하고, 이를 통해 잠재적인 미래 인재를 육성하는 방
  식입니다.
- **지역 사회 및 환경 문제 해결 기여:** 기업이 속한 지역 사회의 필
  요와 환경 문제 해결에 적극적으로 기여하고, 단순 봉사를 넘어,
  환경오염 저감 기술 투자, 지역 고용 창출, 윤리적 공급망 관리
  등을 통해 기업 활동의 긍정적인 사회적 영향을 확대하는 방안을
  포함합니다.

2) ESG(환경, 사회, 지배구조) 경영과 지속 가능성

ESG 경영은 비재무적인 요소들이 기업의 재무적 성과와 장기적인
리스크에 직접적인 영향을 미친다는 인식에서 출발한 새로운 경영 패
러다임입니다.

| ESG 요소별 지표 관리와 정보 공시

- **환경(E):** 탄소 배출량 감축 목표, 재생 에너지 사용 비율, 폐기물
  관리 등 환경 영향에 대한 구체적인 지표를 설정하고 관리합니다.

- **사회(S):** 노동 환경, 안전 보건, 다양성 및 포용성, 공급망의 인권 준수 등 사회적 관계에 대한 지표를 관리합니다.
- **지배구조(G):** 이사회 투명성, 독립적인 이사회의 역할, 감사 시스템, 경영진 보상 체계 등 의사결정 구조의 건전성을 확보합니다.

지표 관리 결과를 지속 가능 보고서 등을 통해 투명하게 정보 공시하여 이해관계자의 신뢰를 얻어야 합니다.

- **장기적 경영 전략 부응:** ESG 경영은 투자자(특히 기관 투자자) 및 사회 전반의 요구에 부응하는 장기적 경영 전략이며, ESG 요소에 대한 선제적인 투자는 잠재적인 규제 리스크와 평판 리스크를 줄이고, 친환경 기술 등 새로운 시장 기회를 포착하여 기업의 지속 가능한 성장을 담보하는 필수적인 전략이 됩니다.

3. 직원 만족도와 몰입

기업문화를 통해 장기적인 경쟁 우위를 유지하려면, 그 문화의 수혜자인 직원들의 만족도와 몰입(Engagement)이 최고 수준에 도달해야 하며, 직원 몰입은 생산성 향상, 이직률 감소, 고객 서비스 개선으로 이어지는 가장 강력한 내부 동력입니다.

1) 긍정적인 직원 경험(EX) 설계

직원 경험(EX, Employee Experience)은 직원이 기업과 상호작용하는 모든 접점을 의미합니다. 이 경험을 긍정적으로 설계하는 것이 핵심입니다.

- **직원 여정(Employee Journey) 분석 및 개선**: 직원의 입사(Onboarding)부터 성장, 업무 수행, 퇴사(Offboarding)까지의 전체 여정(Journey)을 면밀히 분석하고, 각 단계에서 비효율적이거나 불만족스러운 지점(Pain Points)을 개선해야 하고, HR 시스템, 사무 공간, 리더십 스타일 등 모든 요소를 포함합니다.
- **일과 삶의 균형(워라밸) 보장**: 유연 근무제(Flexible Work), 탄력 근로 시간제 등을 효과적으로 도입하여 직원들이 자신의 라이프 스타일에 맞게 업무 시간을 조절할 수 있도록 지원하고, 워라밸을 보장하는 것은 직원의 장기적인 헌신을 끌어내는 필수적인 요소입니다.

2) 심리적 안정감과 다양성 포용 문화

최고의 성과는 직원들이 안전하다고 느낄 때 나오며, 심리적 안정과 포용성은 혁신을 위한 필수 전제 조건입니다.

| 심리적 안정감(Psychological Safety) 조성

직원들이 실패를 두려워하지 않고 새로운 아이디어, 의견, 심지어 우려 사항까지 자유롭게 제시할 수 있는 환경을 조성해야 합니다.

리더는 실수를 질책하기보다 학습의 기회로 삼는 문화를 정착시켜야 하며, 이는 창의성과 혁신을 촉진하는 기반이 됩니다.

| 다양성, 형평성, 포용성(DEI) 중시

다양성(Diversity)을 존중하고, 형평성(Equity) 있는 기회를 제공하며, 모든 직원이 소외감을 느끼지 않도록 포용성(Inclusion)을 강조하는 문화(DEI)를 구축합니다.

DEI는 단순한 사회적 구호가 아니라, 다양한 배경의 인재들이 모여 편견 없는 시각으로 문제를 해결하고 최고의 성과를 창출하도록 돕는 경쟁 우위의 원천입니다.

3) 통합 문화 경쟁력 확보를 위한 전략

이 전략은 크게 두 가지 핵심 영역에 초점을 맞춥니다.

(1) 긍정적인 직원 경험(EX, Employee Experience) 설계

직원들이 회사에 머무는 동안 느끼는 모든 경험을 긍정적으로 만들고자 하는 전략입니다.

| 입사부터 퇴사까지의 여정(Employee Journey) 분석 및 개선

직원들이 회사에 처음 합류하는 순간부터 마지막으로 떠나는 순간까지, 모든 단계(온보딩, 교육, 업무 수행, 승진, 퇴사 등)에서의 경험을 분석하여 불필요한 어려움을 제거하고 긍정적인 순간을 극대화합니다.

| 일과 삶의 균형(워라밸) 보장 및 유연 근무제 효과적 도입

직원들이 개인적인 삶과 직장생활의 조화를 이룰 수 있도록 지원합니다.

유연 근무제를 도입하여 직원들이 업무 시간과 장소를 어느 정도 스스로 결정할 수 있게 함으로써, 만족도와 생산성을 높입니다.

(2) 심리적 안정감과 다양성 포용 문화

직원들이 안전하다고 느끼며 자신의 역량을 최대한 발휘할 수 있는 환경을 조성하는 전략입니다.

| 심리적 안정감(Psychological Safety) 조성

실패를 두려워하지 않고 아이디어를 제시할 수 있는 분위기를 만듭니다.

직원들이 자신의 의견을 자유롭게 표현하고, 도움을 요청하며, 실수를 인정하더라도 불이익을 받지 않을 것이라는 믿음을 갖게 합니다. 이는 혁신의 기반이 됩니다.

| 다양성, 형평성, 포용성(DEI, Diversity, Equity, Inclusion)을 중시하는 문화 구축

- **다양성(Diversity)**: 성별, 나이, 인종, 배경 등이 다른 여러 사람이 함께 일하는 것을 포용합니다.
- **형평성(Equity)**: 모든 직원에게 공정한 기회와 자원을 제공하여 동등한 결과에 도달할 수 있도록 합니다(단순한 '동일 대우'를 넘어 각자의 필요에 따른 지원).
- **포용성(Inclusion)**: 다양한 배경을 가진 모든 직원이 존중받고 소

속감을 느끼며, 중요한 의사결정에 참여할 수 있도록 합니다.

성장을 위한 인적자원과 기업문화를 정리하면,

전략들은 결국 조직의 생산성, 혁신, 인재 유지에 기여하여 문화적 경쟁력을 확보하는 핵심 요소입니다.

성장을 위한 인적자원(HR)과 기업문화는 기업의 핵심 동력이며, HR은 인적 자본을 경쟁 우위의 원천으로 인식하고 비즈니스 전략과 일치하는 전략적 파트너로서 핵심 인재 확보 및 유지에 집중해야 합니다. 이를 위해 성과관리 시스템(PMS)으로 개인 목표를 조직 목표와 정렬시키고 역량을 개발하며, 기업문화는 혁신을 촉진하고 실패를 포용하는 학습 조직을 구축해야 합니다.

궁극적으로 HR 시스템과 문화를 통합하여 윤리·ESG 경영을 내재화하고, 심리적 안정감 및 DEI 기반의 긍정적인 직원 경험(EX)을 설계함으로써 장기적인 성장과 고객 만족의 선순환 구조를 완성하는 것이 중요합니다.

5부

성장의 돌파구: M&A와 현장 혁신

기업이 안정적인 성장을 넘어 획기적인 도약(퀀텀 점프, Quantum Jump)을 이루기 위해서는 내부 역량의 점진적인 개선만으로는 부족합니다. 이 파트에서는 외부 성장의 가장 강력한 수단인 M&A(인수합병)와 내부 역량의 잠재력을 폭발시키는 현장 혁신이라는 두 가지 핵심 전략을 정의하고 그 실전 사례를 다룹니다.

Part 1. 성장의 돌파구로서의 M&A(인수합병) 전략

M&A(인수합병)의 정의와 성장의 돌파구로서의 필요성

M&A는 기업이 성장 둔화의 장벽을 부수고 새로운 시장 기회를 포착하는 데 활용되는 가장 강력한 외부 성장(External Growth) 전략입니다.

1. M&A의 전략적 정의

M&A는 둘 이상의 기업이 하나로 합쳐지거나(합병), 한 기업이 다른 기업의 경영권을 획득하는(인수) 행위를 포괄하며, 단순한 자산 거

래가 아니라, 전략적 목표를 달성하기 위한 자원 결합 행위입니다.

- **외부 성장을 위한 가장 빠르고 확실한 방법:** 새로운 기술을 자체 개발하거나, 신규 시장에 처음부터 진입하는 데 필요한 시간, 비용, 위험을 대폭 줄여 줍니다.
- **경쟁 우위 확보를 위한 자원 결합 및 사업 포트폴리오 재편 행위:** M&A는 부족한 역량을 보완하고, 중복되는 사업을 정리하며, 기업의 사업 포트폴리오를 기업 전략에 맞춰 근본적으로 재편하는 수단입니다.

2. M&A가 중견기업 성장에 필수적인 이유

특히 중견기업이 다음 단계로 도약하기 위해 M&A는 선택이 아닌 필수 전략인 경우가 많습니다.

- **시간 단축(Time to Market):** 자체 개발은 막대한 시간과 비용을 요구하며 성공을 보장하기 어렵고, M&A는 이미 상용화된 기술이나 시장에서 검증된 제품을 즉시 확보하여 시장 진입 장벽을 가장 빠르게 돌파할 수 있게 합니다.
- **역량 확보(Capability Acquisition):** 기업이 부족한 기술력, 핵심 특허, 해외 시장 점유율, 또는 숙련된 핵심 인재(인적 자본) 등을 하나의 거래를 통해 한 번에 획득할 수 있습니다.
- **경쟁 우위 및 규모의 경제 실현:** 경쟁사를 인수하면 시장 지배력을 강화하고 불필요한 경쟁을 줄일 수 있고, 또한, 합병을 통해

생산, 구매, 물류 등에서 규모의 경제(Economies of Scale)를 실현하여 원가 우위를 확보할 수 있습니다.

3. M&A 성공의 핵심 요소

M&A 자체는 성장의 기회이지만, 성공률이 높지 않으며, 성공적인 M&A는 거래 전후의 치밀한 준비에 달려 있습니다.

- **딜(Deal) 전의 정확한 전략적 목표 설정:** '무엇을 위해', '어떤 역량을', '얼마의 가치로' 인수할 것인지에 대한 정확하고 구체적인 전략적 목표가 설정되어야 하며, 목표가 불분명하면 고가 인수 또는 시너지 실패로 이어집니다.
- **딜 후의 성공적인 통합(PMI):** M&A가 실패하는 가장 큰 이유는 인수 후 통합(PMI, Post-Merger Integration) 실패이고, 단순히 재무제표를 합치는 것을 넘어, 피인수 기업의 핵심 인재 이탈 방지, 조직 문화의 통합, IT 시스템과 핵심 프로세스의 통합을 성공적으로 수행하는 것이 M&A 성공의 가장 중요한 요소입니다.

M&A를 통한 중견기업 도약 전략

1. M&A, 더 이상 선택이 아닌 생존 전략

중견기업 단계는 안정적인 성장이 정체되거나 경쟁 심화로 인해 다음 단계로 도약하지 못하고 정체될 위험이 큰 구간이며, 이 단계에서 M&A(인수합병)는 단순한 확장 수단이 아닌, 성장을 가속화하고 생존을 담보하는 필수 전략이 됩니다.

1) 중견기업의 성장이 정체되는 이유와 M&A의 전략적 역할

중견기업은 규모가 커지면서 발생하는 내부 비효율과 외부 환경의 급변이라는 이중고에 직면하며, M&A는 이 한계를 돌파하는 핵심적인 역할을 수행합니다.

| 내부 역량 한계 극복 및 신성장 동력 확보 방안

- **정체 원인:** 중견기업은 자체 R&D 자원의 한계, 혁신 문화의 경직성, 경영진의 과부하 등으로 인해 신기술 개발이나 새로운 사업 분야 진출에 어려움을 겪으며 성장이 둔화됩니다.
- **M&A 역할:** M&A는 외부의 검증된 기술, 특허, 전문 인력을 단기간에 확보하여 내부 역량의 한계를 극복하고 신성장 동력을 가장 빠르게 확보하는 실전적인 방법입니다.

| 경쟁 심화 속에서 규모의 경제 달성

- **정체 원인:** 산업 내 경쟁이 치열해지고 글로벌 플레이어들이 시장에 진입하면서 가격 경쟁력 확보가 더욱 중요해집니다.
- **M&A 역할:** 경쟁사 또는 보완 기업을 인수하여 생산량, 구매력, 유통망 등의 규모를 일시에 확대되고, 규모의 경제(Economies of Scale)를 실현하고 원가를 획기적으로 절감하여 경쟁 우위를 확보합니다.

2) M&A를 통한 시장 진입과 기술 확보 사례

M&A는 시간과 비용을 절약하여 기업이 원하는 전략적 목표를 가장 효율적으로 달성할 수 있음을 실전 사례를 통해 보여줍니다.

| 신규 시장 및 해외 시장 진입

- **사례 분석:** 새로운 지리적 시장(예: 동남아시아, 유럽)이나 산업 시장(예: 바이오, 친환경 소재)에 대한 지식과 인프라를 갖춘 현지 기업을 인수하여, 시간을 절약하고 초기 진입 위험을 최소화하는 전략적 성공 사례를 제시합니다.

| 핵심 기술 및 인력 확보

- **사례 분석:** 자체 개발에 수년이 걸릴 핵심 소프트웨어, 특허 포트폴리오, 또는 해당 분야 최고 수준의 전문 인력(인적 자본)을 보유한 스타트업이나 기술 기업을 인수하여 경쟁사가 따라올 수 없는 기술 격차를 단기간에 창출한 사례를 통해 M&A의 전략적 가치를 증명합니다.

2. 성공적인 M&A를 위한 실행 프로세스와 체크리스트

성공적인 M&A는 체계적인 프로세스와 숨겨진 위험을 찾아내는 철저한 실사(Due Diligence)에 달려 있습니다. 이 섹션은 딜(Deal)의 초기 단계부터 계약 완료까지의 핵심 실행 프로세스를 다룹니다.

1) 딜 탐색 및 초기 분석: 어떤 기업을 인수할 것인가?

M&A의 첫 단추는 인수 대상(Target)을 명확한 전략적 기준에 따라 선정하는 것입니다.

- **전략적 적합성 평가(Strategic Fit):** 단순히 재무 상태가 좋은 기업을 찾는 것이 아니라, 자사의 장기 비전과 핵심 성장전략에 가장 부합하는 기업을 선별해야 합니다.
- **시너지 효과:** 인수 후 발생할 수 있는 매출 시너지(교차 판매, 시장 확대)와 비용 시너지(중복 제거, 규모의 경제)의 잠재력을 정량적으로 평가합니다.
- **문화적 적합성(Cultural Fit):** 두 조직의 기업문화와 리더십 스타일이 통합 가능한지 초기 단계에서부터 중요한 기준으로 고려합니다.

2) 실사(Due Diligence)의 중요성: 숨겨진 위험 발견

실사(DD)는 인수 결정 전 대상 기업에 대한 정보를 독립적이고 객관적으로 검증하여 숨겨진 위험(Hidden Risk)을 발견하고 인수 가격과 조건을 재조정하는 가장 중요한 단계입니다.

- **재무 실사:** 재무제표의 정확성 확인을 넘어, 실제적인 현금 흐름(Cash Flow), 우발 채무(Contingent Liabilities), 자산의 과대/과소평가 여부 등을 심층적으로 분석합니다.
- **법률 실사:** 소송 위험, 계약 위반 여부, 핵심 특허 및 지적재산권

의 유효성/소유권 등을 검토하여 향후 발생할 수 있는 법적 리스크를 식별합니다.

- **영업 및 운영 실사:** 핵심 고객의 이탈 가능성, 공급망의 안정성, 생산 시설의 노후도 등 사업의 지속 가능성에 영향을 미치는 운영상의 위험을 점검합니다.

3) 기업 가치 평가(Valuation) 방법론: 공정한 가격 산정

M&A에서 가장 논쟁이 되는 부분은 인수 가격이며, 공정하고 객관적인 가치평가는 성공적인 딜을 위한 핵심입니다.

- **DCF(Discounted Cash Flow, 현금흐름할인법):** 대상 기업이 미래에 창출할 것으로 예상되는 현금흐름을 현재 가치로 할인하여 평가하는 방법으로, 기업의 본질적인 가치를 산정할 때 가장 중요하게 사용됩니다.
- **시장 비교법(Market Comparables):** 상장된 유사 기업의 주가 배수(PER, EV/EBITDA 등)를 비교하여 가치를 산정하며, 시장 상황을 반영하는 장점이 있습니다.
- **거래 사례 비교법(Precedent Transaction Comparables):** 과거에 발생했던 유사한 M&A 거래 사례를 분석하여 가치를 추정합니다.

4) 계약 및 클로징 단계의 핵심 법률 이슈

계약서(SPA)는 딜의 모든 조건을 담는 법적 문서이므로, 클로징 단계까지 발생할 수 있는 리스크를 철저히 대비해야 합니다.

- **진술 및 보장(Representations & Warranties, R&W):** 매도인이 대상 기업의 특정 사실(재무 상태, 소송 부재 등)이 진실임을 보장하는 조항이고, 클로징 후 문제 발생 시 손해배상을 청구할 수 있는 근거가 되므로 핵심적으로 협상해야 합니다.
- **선행 조건(Conditions Precedent):** 거래가 완료(클로징)되기 전에 반드시 충족되어야 하는 조건들(예: 규제 당국의 승인, 핵심 계약의 갱신 등)을 명확히 정의합니다.
- **가격 조정(Purchase Price Adjustment):** DD 후 최종 클로징 시점에서 순 운전자본이나 순 부채의 변동에 따라 최종 인수 가격이 조정되는 메커니즘을 명확히 설계해야 합니다.
- **계약 및 클로징 단계의 핵심 법률 이슈**

3. M&A 성공의 열쇠, 통합(PMI)과 문화 충돌 관리

M&A의 성공은 계약 체결(딜 클로징) 시점이 아니라 인수 후 통합(PMI)이 완료된 후에 결정되며, PMI는 인수 대상 기업을 자사에 성공적으로 녹여내고 시너지를 창출하여 하나의 강력한 조직'을 만드는 핵심 과정입니다.

1) 인수 후 통합(PMI)의 4단계: 통합 전략

PMI는 사람과 문화를 최우선으로 고려하며, 다음 4가지 핵심 영역을 체계적으로 통합해야 합니다.

(1) 사람 통합(People Integration)

- **핵심 인재 유지(Retention):** 피인수 기업의 핵심 인재(Key Talent)를 식별하고, 명확한 역할 부여, 보상 조정, 경력 개발 기회 제공 등을 통해 이탈을 막는 것이 최우선입니다.
- **리더십 구조:** 통합 조직의 새로운 리더십 구조를 신속하게 확정하고, 중복되는 역할에 대한 의사결정(정리 또는 재배치)을 투명하게 진행합니다.

(2) 시스템 통합(System Integration)

- **IT 및 재무 시스템:** 두 회사의 IT 시스템(ERP, CRM)과 재무 보고 시스템을 통합하여 데이터의 일관성을 확보하고, 통합된 의사결정을 지원하는 인프라를 구축합니다.

(3) 프로세스 통합(Process Integration)

- **운영 표준화:** 생산, 구매, 영업, HR 등 핵심 운영 프로세스에서 최선의 관행(Best Practice)을 선택하고 표준화하여 중복을 제거하고 효율성을 극대화합니다. 이는 시너지를 창출하는 구체적인 실무 단계입니다.

(4) 문화 통합(Culture Integration)

- **가치 공유:** 두 조직이 새롭게 공유할 핵심 가치와 일하는 방식을 명확히 정의하고, 이를 전파하는 활동을 PMI 전반에 걸쳐 지속합니다.

2) 기업문화 충돌 최소화 및 시너지 극대화 방안

문화 충돌은 M&A 실패의 가장 큰 원인이고, 효과적으로 관리해야만 시너지가 발생할 수 있습니다.

| 충돌 최소화 전략

- **투명한 소통:** 통합 과정의 목표와 진행 상황을 양사 직원들에게 투명하게 공개하여 불안감을 해소하고 신뢰를 구축합니다.
- **상호 존중:** 일방적인 '흡수'가 아닌, 피인수 기업의 성공적인 문화적 요소와 강점을 인정하고 존중하여 새로운 통합 문화에 포함시킵니다.
- **통합팀 운영:** 양사 인력으로 구성된 크로스-펑셔널(Cross-Functional) 통합팀을 운영하여 현장 수준에서 발생하는 문화적 마찰을 조기에 해결하고 협업을 촉진합니다.

| 시너지 극대화 방안

- **시너지 측정 지표(KPI) 설정:** PMI 계획에 매출 목표, 비용 절감 목표 등 구체적인 시너지 관련 KPI를 설정하고, 정기적으로 달성도를 추적하여 책임을 명확히 합니다.
- **통합 속도 조절:** 모든 것을 한 번에 통합하려 하기보다, 핵심 시너지 영역은 빠르게 통합하고, 문화나 HR 시스템처럼 민감한 영역은 점진적으로 접근하는 등 속도를 전략적으로 조절해야 합니다.

3) 실제 M&A 성공 및 실패 사례를 통한 실전 교훈

구체적인 사례 분석을 통해 경영진과 실무자들이 M&A의 성공률을 높이기 위한 실전적인 지혜를 얻도록 돕습니다.

- **성공 사례의 교훈:** 성공은 종종 전략적 명확성과 인재에 대한 집중에서 나오며, 특히, 피인수 기업의 고유한 강점(핵심 기술, 창업 정신)을 그대로 유지하고 키워준 사례를 통해 통합 방식의 중요성을 강조합니다.
- **실패 사례의 교훈:** 실패는 주로 과도한 가격 지불이나 문화적 무시에서 비롯하며, 통합 과정에서의 핵심 인력 유출, 강압적인 문화 주입으로 인한 조직 와해, 막연한 시너지 기대로 인한 재무적 손실 등 주요 실패 원인을 분석하여, M&A 추진 시 반드시 피해야 할 핵심 위험 요소에 대한 실질적인 경고를 제시합니다.

성장의 돌파구를 다시 정리하면,

기업 성장의 돌파구를 마련하기 위한 M&A(외부 성장)와 현장 혁신(내부 성장)이라는 두 가지 핵심 전략의 중요성을 강조합니다.

M&A는 중견기업이 시간과 비용을 절약하며 새로운 시장, 기술, 인재 등 핵심 역량을 빠르게 확보하고 규모의 경제를 달성하는 필수 전략이며, 성공을 위해서는 정확한 전략적 목표와 인수 후 통합(PMI), 특히 핵심 인재 유지 및 문화 통합이 중요합니다.

한편, 현장 혁신은 고객 가치를 높이는 프로세스를 근본적으로 개선하여 전략 실행력을 높이고 경쟁 우위를 창출하는 활동으로, 구조조정을 통해 혁신 자원을 확보하며, 이 모든 성장 활동의 안전판으로서 위기 대응 및 리스크 관리가 필수적임을 제시합니다.

<u>현장 혁신(Operational Innovation)의 정의와 실전적 가치</u>

현장 혁신은 기업 내부의 잠재력을 극대화하여 성장의 돌파구를 마련하는 핵심 전략이며, M&A(외부 성장)와 대비되는 내부 역량 극대화 전략으로, 기업의 수익성과 경쟁력에 직접적인 영향을 미칩니다.

1. 현장 혁신의 정의

현장 혁신은 단순히 생산량을 늘리는 작은 개선을 넘어, 고객에게 가치를 전달하는 모든 프로세스를 근본적으로 재설계(Re-design)하는 활동입니다.

- **본질적인 개선:** 프로세스상의 불필요한 비용을 제거하고, 품질을 극대화하며, 납기 속도를 단축하는 데 초점을 맞춥니다.
- **지속적 개선 문화:** 현장 혁신은 일회성이 아닌, 모든 직원이 참여하여 낭비(Muda)를 제거하는 린(Lean) 사고방식을 기반으로 하며, 또한, '실패에서 배우는 문화'를 조성하여 지속적인 실험과 개선이 일상화되도록 유도합니다.

2. 현장 중심 혁신 활동의 필요성

현장 혁신은 기업의 전략이 성공적으로 현실화하는 유일한 통로입니다.

- **전략 실행의 완성:** 아무리 훌륭하게 수립된 전략이라도 현장에서 효율적으로 실행되지 않으면 무의미하고, 현장 혁신은 최고 경영진의 전략과 실제 운영 간의 괴리(Strategy-Execution Gap)를 해소하고, 전략을 구체적인 운영 프로세스에 내재화하여 실행력을 완성합니다.

- **경쟁 우위의 원천:** 경쟁사가 쉽게 모방할 수 있는 기술이나 제품을 넘어, 독특하고 효율적인 운영 방식과 높은 생산성은 지속 가능한 경쟁 우위의 원천이 되며, '무엇을 파는가?'가 아니라 '어떻게 만드는가?'에 대한 본질적인 차이를 만들어냅니다.

3. 구조조정의 실전적 의미

구조조정은 부정적인 의미로만 인식되어서는 안 되며, 현장 혁신을 위한 전략적인 선택과 집중 과정으로 이해되어야 합니다.

- **생존 및 혁신의 과정:** 구조조정은 비효율적인 자원과 사업 부문을 과감하게 정리하고, 기업의 핵심 사업(Core Business)에 재무적, 인적 역량을 집중하는 생존 및 혁신의 과정입니다.

- **가치 창출 극대화:** 자원이 분산된 상태에서는 혁신적인 투자가 어렵고, 구조조정을 통해 확보된 자원은 현장 혁신, R&D, 핵심 인재 육성 등에 재투자되어 기업의 장기적인 가치 창출을 극대화하는 동력이 됩니다.

위기 대응 및 리스크 관리의 실전적 역할

기업이 아무리 훌륭한 성장전략(M&A, 혁신)을 실행하더라도, 예상치 못한 위기(Crisis)가 닥치면 모든 노력이 무산될 수 있으며, 위기 대응 및 리스크 관리는 성장을 위한 공격적인 경영 활동의 안전판을 확보하는 실전적 경영 활동입니다.

1. 위기 대응의 정의

위기 대응은 기업의 생존과 명성(Reputation)에 심각한 해를 끼칠 수 있는 사건(예: 대규모 제품 리콜, 중대 재해, 횡령, 사이버 공격 등)에 대해 사전에 대비하고, 사건 발생 사후에 피해를 최소화하는 일련의 경영 활동입니다.

- **선제적 대비:** 잠재적 위기 시나리오를 분석하고 위기관리 매뉴얼(Crisis Management Manual)을 구축하는 등 사전 예방 활동에 중점을 둡니다.
- **신속한 복구:** 위기 발생 시 신속하고 투명하게 대처하여 피해 확산을 막고, 경영 활동을 정상 상태로 빠르게 복구(Business Continuity Planning)하는 데 목표를 둡니다.

2. 리스크 관리의 필요성

리스크 관리는 기업의 목표 달성을 저해하는 모든 잠재적 위험을 식별, 측정, 통제하는 체계적인 과정입니다.

- **성장의 안전판 확보:** M&A나 신기술 혁신과 같은 공격적인 성장 전략에는 필연적으로 위험(Risk)이 따릅니다.
- **재무 리스크:** 대규모 투자나 M&A 시 발생할 수 있는 부채 증가, 유동성 부족 등의 위험.
- **법률 리스크:** 인수 대상 기업의 숨겨진 소송, 계약 위반 등의 위험.
- **평판 리스크:** 환경 문제나 사회적 논란으로 인한 기업 이미지 실추 위험. 리스크 관리는 이러한 위험들을 예측하고 통제함으로써 기업이 성장전략을 자신 있게 추진할 수 있는 안전한 환경을 제공합니다.

| 법률 및 규제 준수(Compliance)

오늘날 기업 활동은 다양한 국내외 법규 및 규제 환경에 노출되어 있으며, 예측 불가능한 법적 리스크(예: 공정거래법 위반, 개인정보보호법 위반)는 막대한 벌금과 함께 기업 활동 중단을 초래할 수 있습니다.

준법 경영 시스템을 구축하고 정기적인 감사를 통해 모든 법률 및 규제 사항을 철저히 준수함으로써, 불필요한 법적 리스크를 사전에 예방하는 것이 리스크 관리의 핵심 실전 역할입니다.

6부

중소기업 성장전략

    기업의 내부 성장과 지속적인 발전에 필요한 다양한 방법과 전략 등이 있고, 우선으로 생각해 볼 수 있는 방법은 영업력 확대와 강화를 통한 매출 성장이며, 국내외 시장 조사와 경쟁회사 분석을 토대로 고객(시장)이 요구하는 신제품 개발과 서비스의 강화가 필요합니다.

    또한, 프로세스 개선으로 생산성 향상과 비용(원가)을 절감하여 가격경쟁력을 강화하고, 인력 관리와 교육으로 우수 인재를 유치하고 직원들의 역량을 향상시키고, 아울러, 국내외 다른 기업과의 협력과 제휴를 바탕으로 시너지 효과를 창출하고 글로벌 시장에서 신규 고객층을 확보하여 성장의 기회를 찾아야 합니다.

    재무, 인사 등 체계적인 경영관리가 필요하며, 영업과 생산 그리고 관리의 조화로 지속 성장을 이루는 것이 중요하며, 그리고, M&A 추진도 이를 달성할 방안이 될 수 있습니다.

중소기업 성장전략

중소기업 성장전략은 단순히 매출을 일시적으로 늘리는 것에 그치지 않고, 기업의 체질과 구조 전체를 '중견 기업형'으로 성공적으로 진화시키기 위한 청사진이며, 이 전략은 불확실한 시장 상황 속에서 '운'이 아닌 '전략적 의지'를 통해 다음 단계로 도약하려는 기업에 필수적인 나침반 역할을 합니다.

1. 성장의 필연적 도전과 핵심 목표

중소기업에게 성장은 곧 생존을 넘어선 '진화'의 단계입니다. 하지만. 이 과정은 성장의 역설(Paradox of Growth)을 동반합니다. 중견기업으로 올라서는 순간, 그동안 누려왔던 세금 감면이나 정책 지원 등 중소기업 특유의 혜택이 축소되거나 소멸됩니다. 따라서 성장전략은 이러한 외부적 지원 감소를 상쇄하고도 남을 만큼 내부 역량과 확장성(Scalability)을 극대화하는 데 초점을 맞춥니다.

궁극적인 목표는 최고 경영자(CEO) 한 사람의 역량에 의존하는 비효율적인 구조에서 벗어나, 시스템과 프로세스가 스스로 성장을 끌어내는 자율 성장 체계를 구축하는 것입니다.

2. 근본적인 사고의 전환: 생존자를 넘어 지배자로

성장전략의 첫걸음은 경영진의 사고방식을 근본적으로 바꾸는 것입니다.

- **단기 생존에서 장기 시장 지배:** 어제의 손익계산서에 연연하기보다, 5년 후 우리가 점령할 시장의 영역을 설정하고 모든 자원을 집중해야 하며, '경쟁자를 이기는 것'을 넘어 '시장의 표준을 정의하는 주체'가 되겠다는 과감한 비전에서 시작됩니다.
- **내부 자원 의존에서 외부 자원 활용:** 내부 자원을 최대한 아껴 쓰는 중소기업 방식을 넘어, M&A나 외부 투자(VC) 등을 활용하여 필요한 기술, 인재, 시장 접근성 등 '외부 역량'을 과감하게 끌어와 성장의 속도를 극대화해야 합니다.

3. 고속 성장의 핵심 수단: M&A 엔진 가동

자체적인 힘만으로 수년이 걸릴 성장을 가장 빠르게 압축하는 전략은 바로 M&A(인수합병)입니다.

M&A는 단순한 '기업 구매'가 아니고, '시간 구매'이자 '기술 격차 해소' 전략입니다. 경쟁사가 오랜 기간 축적한 기술 노하우, 검증된 인력, 안정적인 고객 기반 등을 한 번에 내재화함으로써, 시장 변화에 대한 대응 속도를 획기적으로 높일 수 있습니다. 따라서 M&A는 중소기업 성장의 핵심 엔진이자 최고 경영자의 전략적 판단을 가장 요구하는 영역입니다.

4. 지속 가능한 성장을 위한 보완 전략(비 M&A 영역)

M&A가 성장의 폭발력을 제공한다면, 나머지 전략들은 기업의 안정

성과 미래 경쟁력을 뒷받침하는 보조 엔진 역할을 합니다.

- **재무적 확장 전략:** 중견기업으로 도약하기 위한 대규모 투자 자금은 VC(벤처캐피탈) 및 재무적 투자 유치를 통해 확보합니다. 궁극적으로는 IPO(기업공개)를 위한 철저한 준비와 로드맵을 구축하여, 자금 조달의 안정성을 확보해야 하며, 동시에 정부/정책 자금을 효율적으로 활용하여 성장의 마중물로 삼아야 합니다.
- **미래 기술 전략(AI):** AI 기술은 이제 모든 중소기업의 생산성과 효율성을 혁신하는 필수 요소이고, 중소기업은 AI를 단순 도구가 아닌 성장 동력으로 활용하여, 중견기업 진입 후에도 경쟁사와 격차를 벌릴 수 있는 발판을 마련해야 합니다.
- **법률 및 관리 전략(IP):** 기업의 성장은 곧 법적, 평판적 리스크의 증가를 의미합니다. 법률 및 지적재산권(IP) 관리 시스템을 선제적으로 구축하여 핵심 기술 자산인 IP를 보호하고, 법규 준수를 통해 기업의 투명성과 신뢰도를 높여야 합니다.

중소기업 성장전략은 M&A라는 공격적인 도약과 재무/기술/법률이라는 안정적인 관리를 양 축으로 삼아, 중견기업으로의 성공적인 안착을 가능하게 합니다.

중소기업에서 중견기업으로 성장 기조

1. 재무 안정성 확보

중견기업으로 성장하려면 먼저 재무적으로 안정되어야 하며, 일반 제조업(자동차부품 및 전자부품 등)의 경우, 3년 평균 매출이 1,800억 원 이상이 되도록 목표를 세우고, 부채 비율을 100% 미만으로 관리하는 것이 중요하며, 매출 다각화를 위해 신제품 개발이나 해외 시장 진출을 고려하고, 불필요한 자산을 매각해 부채를 줄이는 전략이 필요합니다.

2. 체계적인 시스템 구축

효율적인 경영을 위해 ERP(통합 자원 관리 시스템)나 회계 시스템을 도입하는 것이 좋으며, ISO 인증 등 표준화된 프로세스를 적용하면 업무 효율성이 크게 향상되고, 디지털 전환을 통해 종이 문서 중심의 업무를 줄이며, 데이터 기반의 의사결정 체계를 마련해야 합니다.

3. 우수 인재 유치 및 교육

중견기업으로 성장하려면 전문 인력을 확보하는 것이 핵심이며, 경쟁력 있는 스톡옵션이나 복지 혜택으로 우수 인재를 유치하고, 연간 매출의 5% 이상을 교육 예산으로 편성해 직원 역량을 강화해야 하며, 내부 교육 프로그램을 설계해 지속 가능한 인재 양성 시스템을 구축하는 것도 중요합니다.

4. 기술 경쟁력 강화

특허 출원이나 R&D(연구 개발) 투자를 통해 기술 경쟁력을 확보해야 하며, 연간 매출의 5~10%를 R&D에 투자하고, 핵심 기술이 유출되지 않도록 계약조건을 철저히 관리해야 하며, 기술의 독점성을 유지하면 시장에서 차별화된 위치를 차지할 수 있습니다.

5. 법적·윤리적 경영 준수

공정거래, 개인정보 보호, ESG(환경·사회·지배구조) 등 법적 컴플라이언스를 철저히 지켜야 하며, 내부 감사팀을 구성해 분기별로 법률 준수 여부를 점검하고, 윤리 강령을 제정해 기업문화를 개선해야 합니다.

6. 정부 지원 정책 활용

중소벤처기업부의 중견기업 인증을 받으면 세제 감면, R&D 지원, 수출 인프라 혜택 등을 누릴 수 있고, 지역별로 특화된 지원 프로그램(예: 충청권 첨단 제조, 부산항만 물류)을 적극 활용하는 것도 좋은 전략입니다.

7. 시장 확장 전략

대기업과의 협력 관계를 구축하거나 해외 시장에 진출해 판로를 확대해야 하며, 소규모 수출 테스트를 통해 동남아·미국 시장을 탐색하고, 성공 사례를 바탕으로, 점진적으로 규모를 키우는 것이 중요합니다.

8. 브랜드 신뢰도 향상

ESG 보고서를 발간하거나 언론을 통해 성공 사례를 홍보해 브랜드 신뢰도를 높여야 하며, 인증을 획득하고 마케팅 전략을 강화하면 고객과의 관계가 더욱 견고해집니다.

9. 단계별 성장 로드맵

- **준비 단계(1~3년):** 핵심 기술 특허화, 정부 지원금 신청, 기초 시스템 구축
- **성장 단계(3~7년):** M&A 전략 수립, 대형 고객사 확보, 해외 시장 테스트
- **성숙 단계(7년 이상):** 글로벌 공급망 구축, ESG 경영 도입, 지속 가능성 강화

10. 성공 사례 VS 실패 교훈

- **성공 사례:** 자동차 부품 A사는 연평균 20% 매출 성장으로 중견기업 인증 후 대기업과 협력 확대
- **실패 사례:** 무리한 확장으로 자금 유동성 악화 → 단계적 성장과 직원 인센티브 제공으로 방지

M&A(인수합병)라는 생각

M&A(Mergers and Acquisitions, 기업이나 조직 간의 합병과 인수)는 회사나 기관이 다른 기업이나 기관을 통합하거나 인수하는 절차라는 뜻이고, 기업 성장전략의 하나로 다양한 목적과 형태로 이루어질 수 있고, 합병(Mergers)은 2개의 동등한 기업이 합쳐져서 새로운 단일 기업이 되는 것이며, 주로 기업의 경쟁력을 강화하거나 시장 점유율을 확보하는 것이 목적입니다. 인수(Acquisitions)는 한 기업이 다른 기업의 지분 또는 경영권을 인수해 그 기업을 자체의 일부로 만드는 것이며, 시장 진입, 기술 획득, 브랜드 강화 등의 다양한 목적이 있습니다.

필자는 대기업과 중견기업에서 현장경영을 담당하였고, 대기업에 입사하여 회계와 경영관리 업무의 기초를 닦았고, CFO와 기획조정 업무를 맡아서 기업의 인수·사후 관리, 계열사 성과 평가·구조조정, 계열사 매각 업무 등을 직접 수행하였으며, 다수 기업에서 많은 계열사를 인수하고, 인수한 기업을 성장·발전시켰으며, 일부 기업은 구조조정을 거쳐 매각하는 업무를 담당하였고, 직장에서 근무하면서 기업 성장 관련 중요한 업무를 경험했는데 성장 비결은 바로 M&A라고 생각해서 필자에게 투자할 여유자금만 있었다면 많은 돈을 벌 수 있었을 것 같다는 생각도 들었습니다.

근대화 초기에 대부분은 소기업에서 출발했지만, 중견기업은 물론 대기업으로 성장하는 데 많은 노력과 시간이 필요했고, 단숨에 거대 기업을 이루겠다는 꿈과 야망은 기업인 누구에게나 있었습니다.

꿈꾸던 이상과 현실은 다르고, 남이 이루어 놓은 것은 쉽게 보일 줄 모르지만, 그 과정에서 그들이 겪은 고통은 수없이 많았을 것이며, 기업이 지속 성장하려면 어떻게 해야 하는지에 대한 특별한 공식은 없고, 다만 과거 기업가들의 경영 사례를 보면, 창업자의 정신은 무엇보다도 중요한데 기업경영도 성공할 수 있다는 확신을 갖고 임했던 것 같습니다.

어떤 업종과 아이템을 선택할 것인가부터 시작해 경영인의 기본적인 자세와 굳은 의지가 매우 중요한 역할을 하고, 시간이 지나면 경영 결과는 반드시 나오며, 최종 결과는 성공이거나 실패이며, 중소기업인의 꿈은 매출액 기준 1조 클럽에 진입하는 것이라는 말이 있고, 외국에서는 환경이 열악한 허름한 창고에서 어렵게 창업해서 거대한 그룹을 이룬 기업인도 많으며, 소기업이나 중소기업으로만 계속 유지하라는 법은 절대로 없고, 기업인은 거대한 꿈이 있어야 하며, 필자는 중소기업이 중견그룹으로 도약하는 데 일조했다고 생각합니다.

매출을 일천억 원에서 일조 원 이상으로 끌어올리는 좋은 결과를 달성했는데, 대주주를 중심으로 하여 필자가 주도적인 역할을 담당하였고, 부품그룹의 대주주는 확장정책 의지가 분명했으며, 큰 틀에서의 확고한 방향 제시를 했고, 기업이 지속 성장을 이루려면 적정이익을 내야만 가능하며, 매출 증대와 함께 흑자 경영이 되어야만 종업원에게 희망도 줄 수 있을 것입니다.

또한, 지속 가능한 경영을 위해서는 인재 육성과 시설투자가 필요하고, 기업의 성장은 종업원의 희망이고 행복의 기본 요소이며, 기업 가치(주식 가치)도 증가하고, 대주주와 중소기업 성장을 주제로 허심탄회하게 이야기할 기회가 있었으며, 회사의 규모는 상장회사를 포함해 3개의 계열사로 전체 매출은 1,000억 원 정도였고, 부품회사는 IMF 사태 바로 전, 다행히 코스피에 상장하였고, 대주주의 선견지명이 있었던 것으로 보입니다.

IMF 사태를 거치면서 대다수 기업이 어려운 상황에 놓여 있음에도 불구하고, 부품회사는 코스피 상장으로 운영자금을 확보할 수 있어서 유동성에 전혀 문제가 없었고, 재무구조도 비교적 양호했으며, 이런 배경에 있는 부품그룹의 대주주가 현재의 매출 규모가 1,000억 원이나 5,000억 원으로 키우고 싶은데 좋은 방법이 없겠는지라고, 아주 가볍게 물어왔습니다. 아마도 대주주가 먼저 생각을 정리하고 말씀을 하시겠지만, 필자도 준비된 것처럼 첫 번째 M&A 방법을 제안했고, M&A 경험에 대해서도 전 근무처인 철강회사에서 몇몇 기업 인수 시 재무 책임자(CFO)로서 역할을 했다고 자신 있게 말했습니다.

이후, 구체적인 실행 계획을 서면으로 작성하여 보고한 후, 제반 절차에 따라 단계별로 실행에 옮기게 되었고, 이는 성공적인 M&A로 1조 원 이상 갈 수 있었던 첫 발걸음이 되었습니다. 지금도 살얼음판을 걸었던 지난했던 지난날을 생각하면 오싹한 느낌을 지울 수 없습니다.

M&A(인수합병) 시 기본 철학

기업 인수와 합병 시 지분과 함께 경영권(지분 51% 이상)을 인수하고, 경영권 인수가 없는 일부의 지분 투자는 하지 않습니다. 부품회사의 대주주에게 개인적으로 주식 투자가 필요시 주식시장에 상장된 삼성전자나 현대자동차 등 대형 우량주식 거래를 제안했고, 재무구조가 튼튼하고 안전한 상장회사의 주식은 구입할 수 있는 자금만 있으면 아무 때나 여유자금과 신용한도에 맞춰 구입할 수 있습니다.

특별한 이유가 없는 한, 회사 자금으로 경영권의 인수가 없는 단순 주식 투자는 하지 않는다는 것이 필자의 원칙이며, 특히, 지인의 요청으로 사전 검토 없이 회사의 자금으로 주식 매입은 하지 않는 것은 부품그룹의 대주주와 의견이 일치했습니다.

부품회사의 기업 인수 대상은 제조업체 중에서 ○○자동차와 ○○전자 그룹에 부품을 납품하는 전자 관련 기업이었습니다. 이와 관련된 기업을 인수하면 시너지효과를 낼 수 있는 기업체를 우선해서 인수 대상으로 검토했습니다. 물론 재무관리 측면에서 인수 자금 규모(인수 자금 총투자 규모 ○○○억 원, 1개 법인 투자액 ○○○억 원)는 별도로 정해 놓고 운용했습니다. 기업경영 시 유동성을 가름하는 자금 운용에 대한 관리는 매우 중요하다. 제조업을 영위하는 기업체가 경영상 위험해진다는 것은 자금 운용 관리에 문제가 있는 것이고, 제조업체에서 자금수지 관리를 철저하게 한다면 쉽게 망할 이유가 없다는 것이 필자의 소신입니다. 기업의 근간은 제조업이라고 생각하고, 우리나라의 재벌그룹과 같이 백화점식 기업군은 가장 싫어하는 경영 구조이며, 특히 부동산 개발사업은 일종의 부동산 투기이므로 제조업을 영위할 때는 투자용 부동산을 인수하지 말 것을 거듭 건의했고, 이는 제조업에만 집중하자는 의미였습니다.

부품회사는 고정적 거점화 된 공장 부지를 10,000평 이상 보유하고 있었고, 부품회사와 계열회사의 기존 공장 부지는 대부분 500평~1,500평이었습니다. 기업이 성장하면서 납품 물량의 확대로 공장 건설과 기계설비에 많은 시간이 소요되고, 장기적인 경영관리 관점에서 잦은 공장 이전은 비효율적이고, 공장의 잦은 이전은 지속적인 생산 활동을 영위하는데, 시간 낭비라고 생각했고, 향후 공장 부지 확보와 M&A 시 제조업 중심과 경영권 확보(인수 주식 비율 51% 이상, 경영권 인수)의 기본 원칙을 나름대로 세웠습니다. 대주주의 개인적인 자금관리는 필자가 하지 않았고, 법인 관련 사업도 필자와 약속한 이외의 사업 추진이나 집행에는 일정한 거리를 두었습니다.

대주주의 개인 자금은 스스로 판단해서 사용하므로 필자와 의논할 필요가 없고, 깊게 관여할 일도 아니고, 부동산 매입이나 지분 투자 시 회사의 자금 사용을 강력하게 반대하는 입장이었고, 약속한 범위 외의 사업은 신경 쓰지 않고 한발 물러서서 모르는 척했습니다. 개인기업은 월급쟁이가 아무리 건의해도 받아들여지지 않는 사례가 부지기수이고, 짧은 생각 같지만, 이것이 한국 기업 오너의 아집이며 대주주의 기본 입장일지도 모릅니다.

유럽의 사례를 보더라도 경제위기의 상황에서 잘 버티는 나라는 제조업 강국이며, 제조업이 강한 독일이 경제적으로 유럽 국가에서 가장 부유한 반면, 서비스업이 강한 국가들은 공통으로 경제 사정이 넉넉하지 못한 것 같습니다.

독일과 일본 등 제조업이 강한 나라가 선진국 대열에 속한다. 필자가 기업을 인수한다면 제조업을 우선시할 것입니다. 필자의 첫 직장도 제조업 중심으로 성장하였는데, 제조업을 계속 영위하는 경영자는 제조업만으로는 발전 또는 유지하는 데 한계가 있다고 생각합니다.

당시 금융기관에서 대출을 받는 데 어려움이 많았고, 신규대출을 받으려면 기업의 모든 정보를 제공해 주어야만 대출 승인이 가능했던 시절이었고, 중소 제조업체를 보는 금융기관의 시각은 매출 문제, 노사문제, 최저임금 문제, 중대재해법과 같은 제조업을 억압하는 규제 등으로 미래가 불투명하다는 것이 일반적입니다.

우리나라도 IMF 사태 전에는 그룹 회사에서 금융기관을 소유하고 있으면 얻고자 하는 기업의 정보를 더 많이 파악할 수 있었으며, 금융기관에서 검토하는 대로 추진 가능한 사업을 먼저 확보할 수 있습니다. 그러나 IMF 사태를 거치면서 과거의 원리는 차츰 사라지게 되었습니다. 큰 이유는 막강하던 일부 금융기관이 부실화되어 도산했기 때문이고, 금융기관도 기업의 뒷받침이 있어야만 존재가 가능했습니다.

제조업의 육성은 우리나라를 강국으로 만드는 지름길이라고 생각했고, 언젠가부터 미국도 생각을 바꾸어 서비스업과 금융업 중심에서 제조업 중심으로 갈 것이라고 생각합니다. 그동안 중국으로 떠났던 제조업을 미국으로 이전시키려는 정책을 펴고 있는 것을 볼 수 있고, 제조업을 무조건 선호한다는 의미가 아닙니다. 대규모 기업집단은 제조업과 서비스업을 겸하여 상호 정보를 교류하는 것이 지속 성장과 안정성 유지에 유리하며, 다만 문어발식 기업경영보다 전문화된 기업경영이 더 바람직할 것입니다.

한동안 우리나라의 학생 중 우수한 인재들이 이공계를 기피했지만, IMF 사태 이후 기업에서 이공계를 더 우대하고 기업의 임원진도 이공계 중심으로 구성되어 오히려 이공계를 더 선호하는 시대가 되었고, 사람의 손보다는 기계, 즉 정밀기계나 로봇을 활용하는 시대로 변하고 있으며, 의료진의 의술도 사람의 능력보다 우수한 의료 장비를 이용하여 검진과 수술을 하는 시대로 변했습니다.

M&A는 일반업무 처리보다 더 난해하고 복잡하며, 기업 인수를 한 번이라도 잘못하면 수십 년간 쌓아 올린 기업이 하루아침에 망할 수도 있어서 이에 따른 중압감은 남다를 것이며, 보통 대주주는 망한다는 소리에 겁을 먹게 되나, 그러나 필자가 모신 부품그룹의 대주주는 담대했고, 정말 대단하신 분입니다.

부품그룹의 대주주는 가족이 살 수 있는 작은 집 한 채만 남으면 다른 기업을 인수하다가 기존의 회사가 망해도 좋으니, 공격적인 M&A를 실행해 줄 것을 주문하셨으며, 진정한 기업가 정신이라고 생각합니다.

M&A 추진 전략

상대방과의 거래는 구두로 하는 것 같지만, 결국은 문서가 남습니다. 법률적인 계약서로 후일 문제가 발생하지 않도록 정리해 두어야 합니다. 필자는 신속하고 리스크 없는 M&A를 추진하고자 필자만의 계약서 작성 방식을 마련해 두었습니다. 기업 성장의 일부는 M&A로 채워진다고 생각하며, 기업 성장에서 M&A가 가장 빠른 길입니다. 하지만 문제 되는 기업을 잘못 인수하면 투자 자금이 순환되지 않아 순식간에 기존 기업까지 망할 수 있고, 빠듯한 자금으로 인수하면 안 되며, 인수한 기업의 정상 운영을 위한 시설과 운영자금의 투자가 필요하고, 자금 투입을 순조롭게 적기에 실행하지 않으면 오히려 역풍을 맞을 수도 있습니다.

더 좋은 기업으로 만들기 위해서는 투자를 아끼지 말고 적기에 투자할 필요가 있고, 한 번 발을 담그면 빼는 데는 그 이상의 대가가 필요하므로 신중하게 검토한 후 인수 여부의 의사결정을 해야 합니다. 관련 자료를 꼼꼼히 검토한 후 인수를 결정하면 도전적이고 열정적인 자세로 임해야 하고, 독수리가 공중에서 새를 보고서 판단해 내려와서 날고 있는 새를 잡는 것처럼 신속하게 움직여야 하고, 기업을 인수한 후에는 망할지도 모른다는 걱정이 아니라 굳은 의지가 반영된 계획수립과 단계별 실천이 절대 필요합니다.

인수 대상 기업 창업자의 경영실적 등을 면밀하게 심층적으로 점검하여, 인수 후 개선 여부가 있는지, 개선하면 승산(흑자 경영 지속 여부)이 있는지에 대한 세밀한 분석(매출을 포함한 인수 후 사업계획)이 필요하며, 인수 관련 자료를 수집하여 실무적인 내용을 검토하는 데는 기존 임직원과의 벽이 높고 보이지 않는 거부 세력이 많다는 점을 인식해야 합니다.

인수 행위 자체만으로 해결하지 못하는 경우의 수가 많고, 한마디로 M&A는 옷을 세탁하는 것에 비유할 수 있고, 헌 옷을 맑은 물로 세탁하면 더없이 청결함을 만끽할 수 있습니다. 옷을 더 빨리 세탁하여 건조까지 잘 해주면 단벌인 사람들도 매일 깨끗한 옷을 입게 될 것입니다. 성공한 인수는 세탁한 옷을 입었을 때의 느낌처럼 정말 기분 좋은 일이라고 말할 수 있습니다.

M&A 추진 시 5가지 핵심 전략은 아래와 같습니다.

① 목표설정: M&A를 추진하는 이유와 목표를 설정합니다.
② 대상 기업 선정: M&A를 추진할 대상 기업을 선정합니다.
③ 가치 평가: 대상 기업의 가치를 평가합니다.
④ 협상: 대상 기업과의 협상을 통해 M&A 조건을 협의합니다.
⑤ 실행: M&A를 실행하고, 합병 또는 인수 후의 통합 작업을 수행
   하고, 핵심 전략을 바탕으로 M&A를 추진하면, 기업의 경쟁력을
   강화하고, 성장을 이룰 것으로 생각합니다.

전략계획과 추진력

기업을 이루는 데, 많은 노력과 고생을 했는데 망한다는 말은 정말
듣기 싫은 소리입니다. 애당초 계획에 따라 기업 인수를 위해 필자가
근무했던 기업을 제조업 중심으로 육성했고, 그 후 제조업체를 인수
하여 단계별로 성장시켰습니다. 몇 번을 강조하지만, M&A는 결코 쉬
는 일이 아니고, M&A의 대상기업이 많은 것 같지만, 입에 맞는 매물
은 그렇게 많지가 않습니다. 결혼할 짝을 찾는 것보다 더 어려운 일인
지도 모릅니다.

공개적인 M&A 전문 기관(M&A 자문사, M&A 전문 회계법인 등)을
통해 기업을 선택 인수하는 방법도 있지만, 중소기업의 M&A는 지인
또는 동종업계와 거래 은행, 거래 중인 회계법인과 발주처에서 제공
하는 일반적인 정보를 활용하며, M&A 한다는 소문이 나면, 소개로 나

온 물건을 많은 기업이 검토하게 됩니다. 이때 인수 대상 임직원이 알게 되면 근무 의욕의 상실로 정상적인 경영을 하는 데 걸림돌이 될 수 있어 M&A 관련 정보는 대외비로 처리합니다.

어떤 경우, 필자는 하루 만에 1개 법인을 매우 급하게 인수를 검토한 적도 있고, 기업의 환경이 변함에 따라, 창업자가 회사를 경영하는 데 두려움과 어려움이 있을 것이라는 생각이 듭니다. 창업자의 자식은 비교적 고도의 교육을 받으며, 후계자는 오히려 창업자의 가업 승계보다 후계자가 생각한 다른 업종을 경영하고 싶어 하고, 특히 대기업의 협력 회사를 운영하는 것을 기피하려는 경향이 있으며, 후계자는 대기업과 협력기업 간의 업무상 어려움을 직접 경험하지는 않았지만 이미 소문을 듣고 알고 있습니다.

대기업을 상대하는 협력 회사는 '고객은 항상 옳다'는 정신이 없으면 회사를 경영하는 데 어려움이 많을 것이며, 창업자도 후계자도 협력업체가 겪는 경영상의 어려움을 대놓고 말할 수 없겠지만 어느 정도는 공감하고 있을 것입니다. M&A 매물로 나온 기업의 인수 검토 작업에 앞서, 기업 현황과 재무 실적 등을 파악하여 분석하는 데는 많은 시간이 소요되므로 날밤을 새우는 경우도 허다했습니다. 필자와 함께한 부품회사의 직원들은 고맙게도 피곤한 기색 없이 열정적으로 동참해 주었고, 인수 작업에 참여한 임직원과 함께 인수 관련 제반 문제점은 없는지 등에 대한 다방면의 검토와 토론을 하면서 나름 즐겁게 추진했던 것 같습니다. 그만큼 열정적인 임직원이 있었기에 가능했고, 지금 생각해도 고마운 일이 아닐 수 없습니다. 기업 인수에 참여했던 임직원은 M&A 실무절차와 세부 내용을 배우고 경험하는 가운데 많은 감동을 받았다는 후문입니다.

M&A에는 기업 중심의 매도자와 매수자가 있고, M&A는 남이 한 것이라 쉬울 것 같지만, 민감한 가격 문제 탓에 눈치작전이 대단하며, 상대방의 속내가 보이지 않으므로 고민하는 시간이 계속됩니다.

M&A는 양쪽 모두 생각한 것에 대해 어느 한 가지라도 맞지 않으면 한 발짝도 나아갈 수 없는 구조이고, 양쪽 모두는 가격이 제일 중요한 요소라고 생각합니다. 필자는 오히려 가격보다 미래가치, 즉 시장 확장 여부에 더 큰 관심이 있었고, 탁월한 투자 감각 못지않게 철저한 시간 관리로 유명한 워런 버핏(Warren Buffett)이 제안한 방법도 우선순위를 정하는 데 효과적이고, 적당히 좋은 것을 제거하면 중요한 일에 집중할 수 있다고 생각합니다.

미국 건국의 아버지 중 한 사람인 벤저민 프랭클린(Benjamin Franklin)은 "계획을 세우지 않는 것은 실패할 계획을 세우는 것과 같다."라고 말했습니다. 에이브러햄 링컨은 "나는 낙선했다는 소식을 듣고 곧바로 음식점으로 달려갔으며, 그리고 배가 부를 정도로 많이 먹었고, 그 다음은 이발소로 가서 머리를 곱게 다듬고 기름도 듬뿍 발랐다고 합니다. 나를 실패한 사람으로 보지 않을 것이다. 왜냐하면 난 곧바로 다시 시작했으니까."라고 강조했다고 합니다. 이처럼 M&A는 상대방이 있는 것으로 전략적인 계획과 추진, 그리고 무엇보다 자신감이 있어야만 합니다.

<u>M&A 주요 추진 절차</u>

① M&A 추진 정책 수립(인수 전략, 자금운영과 자금조달계획)

② 대상기업 발굴과 선정: M&A 추진을 위한 대상기업 발굴과 선정

③ 예비조사: 대상기업의 재무 상태, 사업모델, 시장 점유율 등 예비
조사

④ 인수의향서(LOI 및 NDA 계약 체결)

⑤ MOU 체결

⑥ 실사: 대상기업의 재무 상태, 사업모델, 법적 문제 등 조사와 대조

⑦ 기업가치평가: 대상기업의 기업 가치 평가(자체 또는 회계법인 등)

⑧ 협상: 대상기업과 협상 진행

⑨ 의사결정기구의 승인 절차: M&A를 승인받기 위해, 필요한 의사
결정 절차 진행

의사결정기구의 승인 절차는 M&A 거래에서 중요한 단계 중 하
나이며, M&A 거래가 법적으로 유효하고, 관련 당사자들이 동의
하고 승인·확인하는 절차가 필요하고, 절차에는 정부의 승인, 이
사회(사외이사, 감사 등)와 주주총회 승인 등이 포함됩니다.

⑩ 본 계약 체결: 대상기업 거래에 대한 인수자와 피인수자 간 본계
약 체결

⑪ 인수 대금결제: 계약 제반 조건에 따라 대금 잔금 지급(계약금,
중도금, 잔금)

⑫ 거래 종결: M&A의 모든 거래 종결

위의 절차는 M&A의 종류와 상황에 따라 달라질 수 있습니다.

M&A 시 확인 사항

1. 전략 수립

거래 이후의 기업 통합 전략을 미리 수립해야 하며, 통합 전략이 없으면 기업문화 충돌, 운영의 불일치 등이 발생할 수 있습니다.

2. 실사(Due Diligence)

신중한 목표 실사는 거래의 성공을 결정짓는 중요한 단계이고, 재무, 금융, 법률(소송 등), 인사, 연구 개발, 영업, 투자와 투자 계약조건 등 다양한 측면에서 실사를 토대로 인수 대상기업의 잠재적인 리스크를 정확하게 평가해야 하고, M&A 업계는 대부분 인수자가 매도측 회사에서 실사를 주관하여 진행하므로 인수 측(Buyer Side) 실사를 정리했습니다.

3. 매도 대상 기업 가치 평가

매도 대상기업의 정확한 가치를 평가해야 하며, M&A 업계는 이를 밸류에이션(Valuation)이라고 합니다.

* 기업가치평가(Corporate Valuation): 기업의 가치를 객관적(수치화)으로 평가합니다.

이해하기 쉽게 제조업 회사 가치 평가를 예시로 들면 아래와 같습니다.

[대한민국 주식회사]
매출액: 200억 원
EBITDA: 20억 원
자본 총계: 50억 원
부채총계: 0원

보통 가치 평가를 할 때 자본 총계 + EBITDA 3년 치로 계산하고, 회사의 가치가 110억 원(+50)으로 산출됩니다.

* EBITDA와 자본 총계는 다음과 같습니다.
  EBITDA(세전 영업 현금흐름): 영업이익이나 순이익처럼 회사의 이익을 나타내는 지표 중 하나로 기업이 영업 활동으로 벌어들이는 현금 창출 능력입니다.
* 이자-세금-감가상각비를 반영하기 전의 순이익, 영업이익(EBIT)에다 감가상각비를 합친 것으로 '세전 영업 현금흐름' 혹은 'EBITDA(통상, 영업이익-감가상각비)'라고 합니다.

EBITDA는 실제로 현금이 반영(지출)되지 않은 감가상각비를 비용으로 간주하지 않으므로 설비 투자가 많은 대기업이 선호하는 측면이 있고, 특정 회사가 대형 설비 투자를 하면서 투자비를 비용으로 처리할 때, 영업이익은 적자이지만, EBITDA는 흑자가 될 수도 있습니다.

* 자본 총계 = 순자산(총자산 - 총부채 = 순자산)
* 자본 총계(Total Ownership Interest): 자본과 사업의 대주주가 회사에 투자한 자본을 의미하며, 차입한 자본이 아니라 주주가 납입한 자본(자금)이라고 해서 '자기자본'이라고 하고 '자본 총계'라고도 합니다.

4. 인수 구조와 투자 전략

인수 구조와 투자 전략을 명확히 할 필요가 있고, 계약조건이나 지불 방법 등을 정확히 계약서에 명문화해 양측의 이익이 최대한 보호되어야 하며, 양측의 원만한 서면으로 합의 없이 진행했다가 추후에 큰 불이익(분쟁)이 생길 수도 있습니다.

5. 법률 전문가 자문

법률 전문가의 자문을 받아 법적인 측면(통상, 법률 실사)을 신중히 검토해야 하며, 지적재산권, 계약, 소송 위험 등을 면밀하게 살펴볼 필요가 있습니다.

6. 핵심 인력 이탈 방지

매도 기업의 핵심 인력을 유지하기 위한 인사전략(인센티브 제도, 승진, 스톡옵션 등)이 마련돼야 하며, 핵심 인력의 이탈은 기업 가치에 큰 영향을 줄 수 있습니다.

7. 투명한 의사소통

모든 당사자 간에 투명하고 개방적인 의사소통이 중요하며, 협상과 거래 진행 상황을 명확히 전달하고, 어떤 이슈나 우려 사항이 생기면 신속하게 대응하는 것이 바람직합니다.

8. 정보 유출 방지

M&A에 관심 있는 최고 경영자들이 가장 예민하게 생각하는 지점은 협상(딜) 진행 관련 상황 정보 유출이고, 대다수의 M&A 관련 업체는 해당 매도 기업(매물)의 정보를 공유하면서 인수 대상 기업을 찾고 있으므로, 이를 방지할 수 있도록 M&A 착수 전, 구두 설명 또는 재무 자료 등이 유출(제출, 공유)되기 전에 MOU(Memorandum Of Understanding, 양해각서) 또는 NDA(Non-Disclosure Agreement, 기밀 유지 협약) 상 비밀 유지 관련 사항을 삽입(반영)하여 정보 유출 책임을 물을 수 있게 명확하게 서면화해 두는 것이 좋습니다.

9. 세부계획과 실천

인수 후 두 회사를 통합하는 과정은 복잡하고 어려울 수 있고, 조직 구조, 문화, 시스템 등을 조정하고 통합하는 과정에서 문제 발생에 대한 세부계획과 실천이 중요합니다.

10. 기관 검토와 승인

M&A는 종종 규제 기관 검토와 승인을 받아야 하는데, 규제 요건과 절차를 준수하는 것은 시간과 비용이 많이 소요될 수 있어, 사전 검토

가 필요합니다.

11. 재무적인 위험 관리

M&A는 큰 규모의 자금 투자가 필요한 경우가 많고, 재무적인 위험과 불확실성을 관리하는 것은 중요한 과제이므로 자금계획과 관리가 필요합니다.

* 한국 M&A 거래소 자료 참고

이런 사항들은 M&A 과정에서 신중하게 고려되어야 하며, 적절한 계획과 관리가 필요합니다.

M&A 착안

첫째, 국내와 해외 M&A 사례 중 성공 사례보다 실패 사례를 더 많이 살필 필요가 있습니다.

M&A 추진에 앞서 현재 경영하고 있는 기업의 본업에 충실해야 하며, 현재 경영하고 있는 기업의 기반이 충분히 다져진 후, M&A를 시도해야 합니다. 자동차 제조업종은 장기 전략, 전자업종은 단기적인 전략이 중요하고, 국내 기업의 해외 진출 시, 과거 몽고족의 유목민 생활처럼 유동적인 소액 투자가 필요합니다.

해외투자는 해외 공장 이전이 언제든지 가능하도록 제품 생산만을 위한 최소한의 시설투자가 필요하고, 주위에 믿을만한 협력업체가 있다면 장단기 외주화도 검토할 필요가 있겠고, 해외에서 장기투자를 고려한다면 일시에 모든 시설을 갖추는 것보다는 현지 법인의 운영 수익금으로 추가 투자를 하는 것을 권장합니다.

대내적인 체면 유지 때문에 본사의 규모만큼 투자할 경우 경영 환경의 변화로 생산량이 감소하거나 자국의 기술이 축적되면, 해외에 진출한 기업은 큰 낭패를 볼 수 있고, 중소기업이나 중견기업은 창업 시 자금이 부족했던 과거의 어려울 때를 생각하면 적절한 해답을 찾을 수 있습니다. 대부분의 기업은 국내사업장의 수준에 맞추어 해외에 투자합니다. 그러나 해외사업이 목표대로 성과가 나지 않을 경우, 해외 과잉투자는 국내 본사의 부채로 합산되어 재무비율에 미치는 영향은 매우 커지고, 해외 진출 시 저개발국의 저렴한 인건비에 관한 장점만을 보고서 해외에 진출하면, 시간이 지나감에 따라 현지의 인건비 상승과 진출국의 세금 감면 기한의 경과로 각종 부담이 커질 경우 해외 진출의 장점은 소멸할 수 있습니다.

해외 현지에서 지속 경영이 불가하다고 예상되는 경우, 다른 경쟁기업보다 하루라도 빨리 다른 국가로 이전하거나 해외 법인은 매각 조치 아니면 국내로 철수시키는 전략이 필요합니다. OEM 생산은 납품하는 대기업을 결코, 믿지 말아야 하며, 고정거래선 이외의 기업에 납품이 가능하도록 마케팅 능력을 스스로 갖추어야 하며, 해외 협력업체에 납품하는 수량이 감소하거나 납품가격이 하락하여 정상적인 납품을 못 하더라도 해외에서 생산한 제품을 그 지역에서 계속 납품이 가능하도록 해외업체의 발굴은 절대 필요합니다.

해외 진출 시 공통된 전략으로는 현지 사정(특히 현지 문화)을 파악하고 현지인 중심의 현지화 경영이 필요하고, 처음에는 본사에서 전문 인력 파견 등 인프라와 시스템 구축을 지원하겠지만, 결국 현지의 모든 여건을 잘 알고 있는 현지인이 경영하는 것이 더 바람직합니다.

기업 인수 후, 정상화 방안을 추진할 때 실수하면 곤란합니다. 사전 점검을 소홀히 하면 실수로 이어져 기업을 더 성장시키려고 하다가 오히려 기존의 기업까지 망칠 수도 있습니다. 중소기업인 협력업체는 대기업인 발주업체의 지시를 받고, 대기업의 협력기업인 관계로 통상 갑에게 지시를 받는 을로 생각하고 경영을 하고 있으며, 대체로 중소기업인 협력업체의 임직원은 순진하고 착한 직원들이고, 중소기업 생산 현장에서의 실무 경험과 생산 현장, 설비 상태와 보수 상황은 꼭 겪어봐야 합니다.

생산성과 생산 조건은 학력의 차이보다 경력의 차이에서 오며, 학력은 단순 표시일 뿐이고, 생산 현장에서의 생산 관련 경험이 있어야 이를 바탕으로 좋은 성과를 낼 수 있습니다. 생산 현장은 이론보다 경력 중심의 현장 전문가로 조직이 구성되어야 성공할 수 있고, 필자가 근무했던 기업은 대부분 제조업 중심이었습니다. 자동차부품과 전자제품 관련 제조기업입니다.

자동차부품은 부품을 개발한 후, 최소 5년간은 지속 생산이 가능하고, 전자산업은 고객의 요구로 제품 형태와 기술의 변화가 빠르게 일어나고 있으며, 제품의 트렌드 전환에 신속하지 못하고 머뭇거리다가 금방 낙오자가 되고, 질풍 같은 속력으로 목표를 향해 뛰고 있었음에도, 중요한 의사결정(특히 대형 시설투자) 관련 오판 시 한순간에 기업은 도산합니다. 전자부품을 생산하는 어느 기업의 오너는 잘나갈 때는 눈으로 확인할 수 있을 정도로 성공의 가도를 달리고 있었습니다.

하지만 시간이 지나 다시 만났을 때, 시장의 변화나 기업의 경영 방법 때문에 잘나가는 기업이 무너지고 있다는 걸 금방 느낄 수 있었고, 외국의 사례로는 세계 최고의 핸드폰 메이커인 스웨덴의 노키아가 소문 없이 무너지는 걸 우리는 직접 보았으며, 한동안은 휴대전화 시장에서 노키아(Nokia)의 두꺼운 벽을 아무도 넘지 못할 것으로 생각했습니다.

노키아는 스마트폰 트렌드를 신속하게 대응하지 못한 결과 세계시장에서 순식간에 사라지고 만 것입니다. 이것이 바로 전자산업의 특성이라는 걸 느끼고 전자 기업을 인수하는 데 많은 교훈이 되었고, 중국의 기술 발전 사례를 살펴보면, 느리게만 느껴지던 전자산업이 급속히 발전하여 우리나라의 전자산업을 위협하고 있지는 않은지 생각하게 됩니다. 세상에는 아주 많은 업종과 아이템이 존재합니다.

기존과 같은 제품 개발이나 사고 방법으로 일을 추진하면 경쟁에서 뒤처질 수밖에 없으며, 기존에 남들이 하지 않은 방법에서 돌파구를 찾아야 합니다. 이를 위해 생각의 틀을 바꿀 필요가 있으며, 한 가지 사례로는, 기업에서 돈을 주고 버려지는 폐품을 활용한 상품화 방안 또는 원·부재료의 효율적인 수율 개선 등을 통한 원가 절감은 획기적인 원가 경쟁 구성 요소가 될 수 있겠고, 원재료 국산화 또는 원재료 수율 향상 관련 아이디어를 접목시켜 재료비의 구성 비율을 낮추면 제품 생산원가가 절감돼 부가가치를 높일 수 있습니다.

원가 절감을 위한 혁신 활동으로 경쟁력 있는 생산원가는 활력 있는 새로운 비즈니스로 진입하는 데 큰 힘이 될 수 있고, M&A는 기업의 규모 확대, 기술 확보, 시장 점유율 증가 등 다양한 목적으로 이루어질 수 있으며, 이를 통해 기업은 새로운 제품이나 서비스를 개발하거나, 기존 사업을 확장하거나, 새로운 시장을 개척할 수 있습니다.

M&A 성공을 위해서는 명확한 목표설정과 철저한 조사, 전략적인 협상, 통합 계획 수립과 커뮤니케이션 강화와 성과관리 및 리더십을 통한 기업문화의 통합, 위험 관리 점검 등 핵심 요소를 고려하여 M&A를 추진하고, 인수 후 절차에 따른 통합 과정이 제대로 되어야만 성공적인 결과를 얻을 수 있을 것입니다.

실행력과 인적자원

기업의 성공과 M&A의 성패가 전략이나 아이디어가 아닌 '실행력'과 '사람'에 달려 있음을 구체적으로 강조합니다.

1. 전략적인 활동의 구체화: 아이디어를 넘어선 실행

- **성장의 시작점:** 기업을 위대하게 만드는 것은 단순히 큰 자본이나 규모가 아니라, '작은 힘'이라도 이를 전략적인 활동으로 응집하여 집중하는 데서 비롯됩니다.
- **성공 방정식:** 성공을 위해서는 참신한 아이디어에 머무르지 않고, 뜨거운 열정과 원대한 비전을 바탕으로 이를 실질적인 행동(실행)으로 전환하여 재정적인 효과를 거두어야 합니다. 아이디어는 시작일 뿐, 실행이 결과입니다.

2. M&A 성패의 결정적 요인: 지속적인 계획 실행 및 점검

- **성패의 진정한 차이:** M&A에서 성공한 기업과 실패한 기업 사이의 차이는 참신한 아이디어의 질적 차이가 아닙니다.
- **구체적인 성공 요인:** 성공은 하나하나의 계획 수립에 충실한 뒤, 그 계획을 지속적으로, 그리고 꾸준히 실행하고 점검하는 과정의 축적에서 나옵니다. 성공의 문턱에서 좌절하는 기업은 이 '지속성'과 '점검 메커니즘'이 부족했던 것입니다.

3. 기업 몰락의 근본 원인: 사람과 실행력의 부재

- **실패 원인 재정의:** 회사가 무너지는 가장 큰 이유는 열정의 부재나, 흔히 지적되는 비전과 전략의 문제에만 있지 않습니다.
- **핵심 문제(인적 요소):** 가장 결정적인 이유는 수립된 계획과 비전을 지속적으로 추진하고 관리할 수 있는 '사람' 또는 '실행 주체'가 조직 내에 없기 때문입니다. 결국 M&A를 포함한 모든 기업 운영의 성패는 전략의 종착점인 '사람'에게 달려 있음을 시사합니다.

M&A 후기

로마제국, 오스만제국, 무골 제국, 몽골제국, 대영제국 등도 M&A(적대적 M&A의 일종)를 시행해 나라를 확장했고, 침략과 방어로 싸우는 과정에서 이기려는 전략으로 신무기 개발과 군사훈련 등을 활용해 급속하게 발전했고, M&A는 근대에는 기업에서 주로 사용하였지만, 역사적으로는 부족, 민족, 국가 등 정치와 군사 또는 경제적으로도 공격과 방어가 있었던 것으로 보이고, 대부분의 선진국에서는 M&A가 자유롭고 빈번하게 이루어지고 있습니다.

국내 기업들도 성장한계의 극복 수단으로 M&A를 자주 거론되고, M&A는 상호 기업에서 기본적인 조사와 분석 후, 가능한 자문사(계약 시 비밀 유지계약 유지)를 선정해 실행하는 것이 실수를 방지할 수 있습니다. 창업자가 은퇴할 나이 또는 질병, 승계의 위험을 느낄 때, 경영상의 어려움, 사업구조 재편에 따른 구조조정으로, 창업자로부터 후계자에게 승계가 불가능한 경우에도 M&A 대상기업이 되며, M&A를 실행하려면 대내외적(특히 현재 근무 중인 종업원은 대주주 변경에 따른 거취 문제로 혼란 예상) 비밀 유지는 물론이고, 합리적인 상호 전략(매도 및 매수인 입장)도 필요하며, 다만, 정상적인 경영유지와 기존 기업인의 보호를 위해 철저한 비밀 유지가 요구됩니다.

한국의 정서상 장기간에 거친 기업경영으로 생사고락을 기업과 함께했기 때문에 기업이 전부라는 생각이 깊은 우리나라 창업자나 대주주에게 적대적 M&A는 정서적으로 인정받기 힘들 것 같으며, 적대적인 의미가 곧 기업을 빼앗긴다는 의미로 해석되는 탓일 것입니다.

기업가치의 평가는 일반적으로 회계법인을 이용해 다양한 평가 방법 중 상호 합의에 따라 가격을 산정하는 방식이 좋으며, M&A 실행 시 매각과 인수에 따른 각종 세금 문제(특히 주식양도 관련)는 M&A 관련 자문사나 조세 전문가(회계법인이나 세무법인 또는 법무법인 등)에게 의뢰해 꼼꼼하게 점검받는 것이 필수적입니다.

M&A 이후, 인수자가 애초 뜻한 대로 자동으로 경쟁력은 높아지지 않으며, 단순 인수보다 구체적인 경영개선 계획에 따른 실행이 필요

하고, 더불어, M&A를 추진할 계획이 있다면 시간을 두고 M&A 관련 사내 전문 인력을 양성할 필요가 있으며, 성공적인 M&A 추진을 위해서는 외부 전문가의 자문보다 자체 인력으로 경영계획과 실행을 진행하는 것이 바람직하며, 시대적 요구에 부응해야 한다는 성숙한 자세로 준비해야 합니다.

M&A 대상기업의 기업 가치 평가와 성숙한 M&A 시장에서 질서유지는 필요하고, 기업이 지속 성장하는 데 M&A가 한 축이 되어야 하고, 기업이 성장하는데 M&A가 일부 역할을 담당할 수 있도록 마인드도 변화해야 하며, 기업가는 기업의 성장을 위해 M&A를 진행하며, 성공하는 기업인과 그렇지 못한 기업인이 있고, M&A를 실행하는 기업이 성공하려면 사전에 철저한 준비가 필요하며, 단순한 욕심과 단계를 무시한 의욕만으로는 절대로 성공할 수 없으며, M&A는 실패하는 사례가 더 많다는 점을 명심해야 합니다.

기업 인수를 위해서는 현재 본업에 충실해야 하며, 인수 대상 기업에 관한 철저한 사전 검토와 단계별 준비가 필요하고, 욕심을 앞세워 자기만의 착각에 빠지지 않도록 전문가와 넓고 깊은 대화를 나눠야 하며 기본 단계별 절차의 수립이 필요합니다. 아울러 기업 인수의 목적이 분명해야 하며, 매출 증가, 기존 업종과 인수기업 간 시너지효과를 위한 결합, 새로운 사업진출 등 기업에 맞는 성장전략이 필요하며, 남들이 기업을 인수하니까 나도 해 보겠다는 의욕만 앞선 망상적인 행위는 금물이고, 잘나가던 기존 기업이 잘못된 M&A로 어려움을 겪을 수 있다는 점도 명심해야 합니다.

기업 인수의 경우 선진국은 인수 후 매각에 따른 장단기 매매차익 또는 기업 확장을 위해 M&A 거래를 활발하게 하지만, 우리나라는 아직 초보 단계에 머물고 있으며, 아직도 M&A는 적대적이라는 생각 탓에, 기업 사냥꾼이라는 좋지 못한 오해를 하는 것 같습니다. M&A를 위해서는 전문가의 단순 조언보다 인수자가 구상하는 목표 설정이 우선이고, 의사결정에 필요한 관련 정보와 각종 기초자료를 직접 챙기고 적극적인 자세와 함께 정밀 분석이 요구되며, 기업 인수 후 재무적인 승산이 있다고 판단되면 신중하게 접근하고, 단계별로 차근차근 추진해야만 성공이 보장됩니다.

M&A와 PMI의 성공 요인은 철저한 계획수립과 실행이며, 또한, 사전에 계획된 구체적인 업종과 자금 규모 범위를 감안한 M&A를 추진하는 것이 중요합니다.

먼저 필자가 추진한 M&A 사례를 들어 설명하면 아래와 같으며, 어떤 방향과 어떤 가치로 갈 것인지, 명확한 비전과 목표 설정(전사 비전 발대식 행사실시), 그리고 국내외 시장 조사를 토대로 경쟁 환경과 고객 요구를 파악하여 제품과 서비스를 개선하여 경쟁력을 강화했습니다.

또한, 전략적 계획 수립에 따른 자원과 예산을 효율적으로 배분했으며, 기업의 비전과 목표에 부합된 인재를 채용하고, 인재 역량을 개발하고 유지했으며, 지속적인 혁신과 함께 새로운 아이디어와 기술을 도입·개선했습니다.

아울러 네트워크를 구축하고, 산업 내 다른 기업과 파트너인 고객과는 "고객은 항상 옳다."는 정신으로 협력하면서 시너지 효과를 창출했다.

위의 핵심적인 기본 요소들을 고려하여 M&A를 실행한 후, 전사(대주주 및 각 사 대표이사 포함) 분임조 활동과 6시그마 활동(전사 임직원 100% 기본 교육 이수와 성공·실패 사례 발표 실시)에 기반한 재무 효과를 우선시했고, 현장 분야의 경영혁신 활동 등 PMI를 시행하여 기업을 성장·발전시켰습니다.

필자가 M&A 추진 시, 너무 힘들 때 포기하고 싶은 생각이 들 때가 있었고, 그럴 때마다 1953년 노벨문학상을 수상한 영국 수상 윈스턴 처칠(Winston Churchill)의 연설을 읽어보고 용기를 얻었습니다.

'포기를 모르는 인생(처칠이 명문 옥스퍼드 대학에서 졸업식 축사)' 이 바로 그것이다. 처칠이 명문 옥스퍼드 대학에서 졸업식 축사를 하게 되었고, 그는 위엄 있는 차림으로 담배를 물고 졸업식장에 나타났습니다. 그리고 열광적인 환영을 받으며, 천천히 모자와 담배를 연단에 내려놓았습니다. 청중들은 모두 숨을 죽이고 그의 입에서 나올 근사한 축사를 기대했습니다. 드디어 그가 입을 열었다. '포기하지 말라 (never give up)' 그는 힘 있는 목소리로 첫마디를 뗐습니다. 그리고 다시 청중들을 천천히 둘러보았고, 청중들은 그의 다음 말을 기다렸습니다. 그가 말을 이었고, '절대로, 절대로, 절대로 포기하지 말라 (never, never, never, never give up)' 처칠은 다시 한번 큰 소리로 이렇게 외쳤습니다. 일곱 번의 'never give up', 그것이 축사의 전부였습니다.

하지만 청중은 이 연설에 우레와 같은 박수를 보냈고, 사실 이 박수는 그의 연설보다 그의 포기를 모르는 인생에 보낸 것이었습니다. 처칠은 팔삭둥이 조산아로 태어나 말더듬이 학습 장애인으로 학교에서

꼴찌를 했고, 큰 체격과 쾌활한 성격 때문에, 건방지고 교만하다는 오해를 받았으며, 초등학교 학적 기록부에는 '희망이 없는 아이'로 기록되었습니다. 중학생 때에는 영어 과목에서 낙제 점수를 받아 3년이나 유급하기도 했다. 결국 케임브리지 대학이나 옥스퍼드 대학에는 입학할 수 없어 육군 사관학교에 입학했고, 육군 사관학교에도 두 차례나 낙방했다가 간신히 합격했고, 정치인으로 입문하는 첫 선거에서도 낙선하고 기자 생활을 하다가 다시 도전해 당선되었습니다.

노동당에서 21년 의정 활동을 하는 동안 사회 개혁을 주도했던 처칠은 성취보다 실패와 패배가 더 많아, 당적을 보수당으로 바꾸어 출마했지만 역시 첫 선거에서 낙선했습니다. 하지만 그는 졸업 연설 내용대로 언어 장애를 극복하고 결코, 결코, 결코, 결코, 포기하지 않고 열심히 노력해서 노벨문학상 수상자도 되고, 세계대전의 영웅도 되고, 위대한 정치인도 될 수 있었습니다. 처칠의 가장 큰 위기는 2차 세계대전 때 있었고, 당시 수상이었던 그는 영국 의회의 연설에서, "피와 흙과 눈물과 땀 이외에는 내가 국민에게 줄 것은 아무것도 없습니다." 라고 했고, 또 다른 연설에서는 "국기를 내리고 항복하는 일은 절대 없을 것입니다. 대양에서도 싸우고 해안에서도 싸울 것입니다. 결코, 항복하지 않을 것입니다."라고 했습니다. 이처럼 처칠은 절대 포기하지 않고 전세를 역전시켜 결국은 2차 세계대전을 승리로 이끄는 데 일조해 세계적인 영웅으로 자리매김했습니다. 잔인한 현실이지만 삶은 끊임없는 싸움의 연속이고, 삶은 자신과 싸움이고, 한계와 싸움이며, 부단한 도전들과 싸움입니다. 필자는 처칠이 명문 옥스퍼드 대학에서 한 '졸업식 축사 연설'을 읽고 또 읽고, M&A를 추진하면서 어려운 고비가 있을 때마다, 절대 포기하지 않으려고 부단히 노력했습니다.

　필자가 추진했던, 다양한 M&A와 PMI는 기업 비밀에 해당하여 서면상으로 직접 나타내는 데에 한계가 있는 점(M&A 추진 시, 가치평가, 기업 간 통합문제, 규제 문제, 임직원 문제, 재무적 위험, 전략적 위험 등을 언급했지만, M&A 발굴 시 소문 등 비밀 유지, M&A 초기 MOU나 NDA 법적 문제 등 양사 간 눈치작전, 가(초안)계약서 작성 시 계약조항 삽입과 삭제 등 이견 문제, 실사 방법과 실사 차이의 해결 방안, 본 계약서 작성 시 기업 특성과 합리적인 평가 방법의 이견에 의한 총계약액과 대금결제 방법, 가계약을 체결했는데 특별한 이유 없이 본 계약을 체결하지 않는 경우, 본 계약 체결차 외국에서 CEO가 직접 오셨는데 사전 예고 없이 불분명한 이유 등으로 본 계약 체결을 하지 않은 경우, 본 계약을 체결했는데 계약금을 지급하지 않고 계약조건을 들어 불이행하는 경우 등 서면화하기에 곤란한 다양한 사건과 사례가 많았음)을 양해해 주시기 바라며, 만약 직접 만날 기회가 되면, 좀 더 구체적으로 말씀을 드리려고 합니다.

　기업을 키우는 방법 중, M&A를 추진 시, 긍정과 부정적인 측면은 다음과 같습니다.

| 긍정적인 측면

① 경쟁력 강화: 새로운 시장 진출, 기술 확보 등을 통해 경쟁력을 강화할 수 있고,

② 성장 가속화: M&A를 통해 기업의 규모를 확대하고, 기존 사업과 시너지 효과를 창출하여 성장을 가속할 수 있으며,

③ 비용 절감: 중복되는 업무나 자산을 통합하여 비용을 절감할 수
있습니다.

| 부정적인 측면

① 실패 가능성: M&A가 실패할 경우, 기업은 큰 비용을 들이고도
성과를 얻지 못할 수 있고,

② 조직 문화 충돌: 서로 다른 조직 문화를 가진 기업이 합병하면서
충돌이 발생할 수 있으며,

③ 사업 축소: M&A를 추진하다가 실패 시 기업은 오히려 사업이 축
소되거나 자본이 감소할 수 있습니다.

M&A는 기업의 경쟁력을 강화하고, 성장을 이루는 전략이지만, 실
패 가능성과 조직 문화 충돌 등의 부정적인 측면도 고려해야 합니다.
따라서 M&A를 추진할 때는 충분한 검토와 준비가 필요합니다.

최고 경영자의 판단

현재보다 미래를 더 많이 생각하며, 미래(未來, 발화 순간이나 일정한 기본적인 시간보다 나중에 오는 행동)가 현재보다 중요해서다. 물론 현재도 중요하다고 생각하고, 과거는 미래와 현재보다 덜 중요하겠고, 이미 흘러간 시간과 재화를 생각하는 것보다, 과거 자료와 실적을 토대로 현재보다 밝은 미래 비전을 생각하는 것이 더 소중합니다.

경영학자들은 현재보다 미래를 더 생각하라고 합니다. 기업도 사람도 미래가 현재보다 중요하다는 것을 모르는 경영자는 없으며, 기업경영에 정말 맞는 말입니다. 구체적인 해법은 기업의 사정에 따라 각각 다르다는 점이고, 기업경영에서 남들이 하니까 나도 따라서 하겠다는 발상은 금물이며, 실행하려면, 사전 계획수립에 소요 시간과 인적자원, 그리고 투자 자금이 들어가는 경영 활동이라는 점을 인식해야 합니다.

성공한 기업인이 그 기업에 적합한 사업 구상을 얼마나 많이 하고 검토했는지 합리적인 판단을 하는 것 좋으며, 지성인들은 옛날부터 누구에게나 미래가 있으면 희망이 있다고 했고, 그만큼 미래는 중요합니다.

경영자는 장기 계획을 단계별로 실천하고 기업의 경영 성과를 지속해서 낼 수 있는 안목이 필요하고, 지속 가능한 성공의 결과를 나타내는 성과 경영이 절대 필요합니다. 기업은 계속 성장해야만 미래를 위한 투자와 인재를 육성할 수 있겠으며, 그래야만 기업의 미래가 있고, 지속 발전이 가능한 기본적인 터전을 마련할 수 있습니다.

현재가치도 중요하지만, 더 중요한 것은 기업의 성장으로 이어질 수 있는 미래 가치이고, 기업에 더 발전할 수 있는 미래가 없거나 불투명하면 오히려 다른 기업이나 관련 기관에 짐이 될 수 있습니다. 기업 성장을 위한 기업 인수 또는 확장을 위한 투자 여력은 최고 경영자가 직접 점검해야 하고, 투자 자금 회수 기간과 자금 운용을 먼저 파악한 후 업종과 업태, 그리고 투자 규모를 설정해야 합니다.

기업 인수 시 업종별로 기업 가치가 다를 수 있고, 단순 인수 가격만을 생각하지 말고, 기업 인수 후 설비개선과 연구 자원 등의 추가적인 투자를 고려해야 하며, 기업 인수 후 정상화를 위한 운영 방안을 정밀 분석하여 규모의 경영에 맞는 목표 설정이 필요합니다.

지속 성장을 위해서는 기업의 리스크, 경쟁 관계, 지속 가능 관련 분석 기법인 SWOT(Strength, Weakness, Opportunity, Threat) 분석 기법을 충분히 활용하여 심도 있는 검토가 필요하며, 타인의 단순 조언이나 머리와 눈으로만 대충 살펴보지 말고 세부 내용을 자료화하여 중요한 내용에 관한 의사결정 시 관련자 회의를 개최해 작은 지적이라도 놓치지 말고 분석하고 또 분석하라고 권하고 싶습니다.

M&A 시 불합리하거나 착각하기 쉬워, 놓치지 말아야 할 것은 현재의 재무 상태와 경영 실적은 양호하지만, 시장 확대 등 미래가 불투명하고, 공동경영으로 내부 의견 차이가 많은 기업은 문제가 될 수 있다는 점이고, 기업 인수 후 경영할 최고 경영자가 준비되지 않은 M&A는 금물입니다.

M&A 시 최고 경영자 역할

기존 기업을 경영할 때, 최고 경영자(대주주, CEO)의 의사결정도 중요합니다. 그리고 인수한 기업을 사전 목표한 대로 육성 발전시키려면 인수한 기업의 최고 경영자 역할이 무엇보다 중요하고, 인수한 기업은 최고 경영자의 사고 전환에 따라 운명이 달라질 수 있기 때문입니다.

인수한 기업은 최고 경영자의 주관으로 시장 확장성과 경쟁회사의 사업 내용을 심층적으로 분석해 사업 방향을 설정해야 하며, 경영혁신에 따른 경영 성과를 예측하고, 시장 규모에 맞춘 설비 투자와 인력 등 회사 운영에 부족함이 없고, 직원들이 일할 수 있도록 인프라(인프라스트럭처의 줄임말, Infrastructure)를 구축해 주어야 합니다. 이 경우, 경영계획(전략경영 계획)에 따른 주기적인 실적 점검(1년간은 주간 및 월간 단위로 계획 대비 실적 점검)이 필수적입니다.

아울러 PMI(Post-Merger Intergration, 인수합병 후 통합하는 기업 합병) 실행 관련 기업 가치와 비전을 수립하여 공유하는 것이 바람직하며, 전체 임직원의 동참을 위해 관련 직원에게 먼저 생각할 기회를 제공해야 하고, 일방적인 지시보다 임직원의 제안 내용을 수용하면 더 좋은 경영 성과를 기대할 수 있습니다.

최고 경영자는 중요한 정책적인 내용을 임직원에게 구두 보고받은 후, 바로 의사결정을 하면 때에 따라 실수할 수도 있으나, 중요한 내용은 리스크 방지 차원에서 삼가야 하며, 중요한 내용일수록 꼭 서면으로 직접 보고받은 후, 다방면으로 심도 있게 분석한 후 투자 여부를 결정하는 것이 바람직합니다. 투자 여부를 결정하기 위해서는 투자 금액과 투자 시기, 회수 기간의 적정성, 투자 관련 리스크 유무의 현장 확인이 필수 요건이고, 내부적으론 소요 자금과 사업 관련 자금흐름을 종합 검토한 후, 의사결정을 해야 하며, 또한, 정책 방향이 결정되면 가능한 적기에 스피드한 의사결정 후 집행할 필요가 있습니다.

인수한 기업의 재무 상태를 분석하여 분식 여부를 점검하며 허위 사실 여부도 집중적으로 점검해야 하고, 재무제표를 기준으로 부속 자료와 임직원의 계층별 크로스 면담을 수행해 정확한 경영분석에 따라 조치해야 하며, 인수자가 그 시기를 놓치면, 더 큰 손해를 볼 수도 있고, 기업 성장도 중요하지만, 대내외(특히, 동종업체와 협력업체 등)의 각종 정보를 수집하여 다양하고 섬세한 세부 목록을 체크하여 리스크를 사전에 방지하는 것이 매우 중요합니다.

창조적인 사고

창조적이란 '새로운 것을 만들어내는 일과 관련되는 것'이며, 경영자는 '기업경영에 관하여 최고의 의사결정을 내리고, 경영 활동의 전체적인 수행을 지휘·감독하는 사람이나 기관'이며, 기업에는 인적 구성 요소인 경영조직에 따른 팀 간의 세부적인 업무 분장이 중요하고, 경영조직을 이끌고 갈 유능한 최고 경영자도 필요합니다.

최고 경영자는 기업의 경영이념과 추진계획에 따라 경영조직을 이끌어 가고, 기업은 창업 정신의 구현을 기본적인 바탕으로 최고 경영자의 경영이념에서 사업 구상이 나온다고 합니다.

매년 수립한 경영방침에 따른 사업계획은 중요하며, 경영계획 내용에 따라 집행해야 안정적인 사업을 추진할 수 있으며, 경영계획이 있는데도 이를 무시하고 대주주가 생각나는 대로 경영계획과 다른 집행을 한다면 굳이 시간을 내어 계획을 수립하는 것이 무의미하고 낭비라고 생각합니다.

계획수립은 경영방침에 따라 수행하겠다는 절차와 순서가 있어야 하며, 그렇지만, 최고 경영자의 경영방침에 따라, 경영계획을 수립하지 않는 경영자, 즉 기업도 있습니다. 틀에 박혀 있는 고정된 사고를 떠나려는 의도로 풀이할 수 있으며, 그래야 새로운 발상이 나올 수 있습니다. 우리의 몸과 같이 늘 함께 사용하고 있는 스마트폰은 과거에 없는 개발 제품이나, 만약 스마트폰이 없었다면 어떤 세상이 되었을까를 상상할 때 인간의 아이디어 발상은 무궁무진합니다.

기업체마다 창조적인 계발은 아직도 진행되고 있으며, 창조적인 경영자는 주인의식이 분명하며, 두 번째 직장에서 창조적인 최고 경영자를 만났습니다. 바로 부품그룹의 대주주이며, 그분은 창조적이고 도전적이며 주인의식이 분명하며, 그분과 함께 많은 M&A를 수행했으며, 그 결과 다양한 경험을 쌓게 되었고, M&A는 물론 PMI(Post-Merger Intergration, 인수합병 후 통합하는 기업합병)도 함께 수행했으며, PMI는 M&A 실시 전과 후, 방향 설정이 중요하고, M&A 목적은 해당 기업과의 시너지효과가 우선시되어야 하며, 거대한 인수 자금과 경영정상화를 위한 운영자금과 설비 투자자금이 들어갈 수 있으므로 인수 자금만을 생각하지 말고 인수 후 자금 부족이 올 수 있다는 점을 사전에 꼼꼼히 점검할 필요가 있습니다.

경영분석 시 SWOT(Strength, Weakness, Opportunity, Threat, 기업 경영의 환경분석을 토대로 강점, 약점, 기회와 위험 요인을 규정하고 이를 토대로 마케팅 전략을 수립하는 기법) 분석 방법에 따라 기업을 둘러싼 외부와 내부의 환경 변화를 꼼꼼히 살필 필요가 있습니다. 특히, 기업인 수로 우발채무(遇發債務, 장래에 일정한 조건이 발생하였을 경우 채무가 되는 것)를 비롯한 리스크 문제는 없는지 재무제표(회계상 재무 현황을 기록하여 보고하기 위한 문서, 기업회계기준에는 재무상태표, 손익계산서, 자본변동표, 현금흐름표, 주석에 나타나지 않는 분야까지)도 면밀하게 살펴보아야 합니다.

남의 말을 듣거나 눈으로만 보지 말고 대상기업을 중심으로 거래 중인 회계법인, 주거래은행, 관할세무서, 주요 거래처 등을 직접 방문하여 가능하면 직접 경험한다는 자세가 필요하며, 모든 정보를 입수하여 아주 세심하게 살피고, 또 살펴야 합니다. 정밀 분석하지 않고 눈으로만 대충 보면, 위기 상황에서 해결 방안이 없으므로 사력을 다해 살펴야 하고, 야구 경기에서도 종료 직전인 9회 말 2아웃의 상황에서 선수 1명의 단순한 실수로 다 이긴 경기를 아쉽게도 패하는 경우를 보았을 것입니다. 또한, 선두를 달리던 골프 선수도 마지막 홀을 지키지 못하여, 악착같이 따라붙는 선수에게 우승을 빼앗기는 장면을 거의 주말마다 시청하고 있을 것입니다.

운동경기나 기업경영 시 어려움을 극복하는 길은 실전과 같은 충분한 연습이고, 이길 수 있다는 끈기로 연습을 충분히 하고 자료 검토를 세심하게 해야 합니다. 기업 인수에 성공하려면 현재 본인이 경영하고 있는 업종과 결합하여 시너지효과를 낼 수 있는 업종 선택이 우선

돼야 하며, 더불어 기업을 인수해서 현재 경영자가 잘못 판단하여 경영하고 있는 부분이 무엇인지, 인수 후 일정 시간과 기본적인 투자로 생산성 향상이 가능할 것인지, 연구개발로 제품 기능과 품질 향상을 기할 수 있을지 인수하려는 최고 경영자의 판단은 매우 중요합니다.

남들이 보기에 기업을 쉽게 인수하니, 본인도 기업을 인수해서 기업을 크게 키우겠다는 헛된 욕심을 갖는 것은, 절대 금물입니다. 기업 인수는 매우 흥미로운 일처럼 보이지만, 남들이 좋다고 하니까 사전 검토 없이 무작정 기업을 인수하면 오히려 크나큰 낭패를 볼 수도 있습니다. 인수 검토자는 업종에 관한 기본철학과 지식을 갖고 사전에 인수 대상 제품군의 시장 확장 여부를 거시적이고 다각적으로 살펴보아야 하며, 성공할 수 있다고 생각할 때, 절차에 따라 도전해야 하고, 점검 또 점검 후 결정해야 결코 후회스러운 일이 발생하지 않을 것이고, M&A는 실무자의 역할보다 오너(대주주)의 직감이 무엇보다 중요합니다. 부품그룹의 대주주는 그런 측면에서 동물적인 감각이나 실무적인 판단도 남달랐고, 운도 좋았습니다.

기업 인수 후, 인수한 기업의 가치를 높이는 방안으로 혁신 활동 시행이 바람직합니다. 더불어 관계회사 간에 화학적인 결합이 될 수 있도록 전략적이고 체계적인 경영관리가 중요합니다.

지인이 보내준 복(福)에 '지자막여복자(智者莫如福者)'란 내용이 적혀 있었습니다. 하지만 우리는 복만 믿고 바보가 되어서는 안 될 것이고, '지자막여복자'의 유래는 아래와 같은데, 장비의 군사들이 조조의 군사들에게 쫓기다가 수풀을 발견하고, 그 속으로 숨어 들어갈 수 있었습니다. 그러나 이런 상황은 뒤쫓아 가던 조조에게는 화공(火攻)으로 장비의 군사를 일시에 전멸시킬 수 있는 절호의 기회가 되었고, 조조는 그의 지략으로 수풀에 불을 질렀고, 장비의 군사들은 꼼짝없이 전멸할 수밖에 없는 상황이었습니다. 바로 그때, 하늘에서 한 점의 검은 구름이 피어오르더니 난데없이 장대 같은 소나기를 마구 퍼붓는 것이었습니다. 대승을 바로 눈앞에 두었던 조조는 이를 보고, '지자막여복자'라고 탄식했고, "아무리 지략이 뛰어나고 지혜로운 사람이라도 복을 받은 사람만큼은 못 하다."라는 말이 바로 '지자막여복자'입니다. 복의 본질이 무엇인지는 잘 모르겠지만 그것은 분명 하늘이 주시는 것이지, 사람의 소관은 아닐 것입니다.

10년이 넘도록 수도하고 하산하려는 제자가 마지막으로 스승에게 하직 인사를 하면서 "스승님, 떠나는 저에게 마지막 가르침을 부탁한다."라고 간청을 올렸습니다. 그러자 스승은 "그만하면 그 누구를 만나더라도 빠지지 않을 것이다. 그러나 단 한 가지 특별히 주의해야 할 것이 있다. 복을 받은 사람에게는 절대 함부로 덤비지 말라."라고 당부하였다고 합니다.

복은 그만큼 위력이 있는 것으로 보이고, 복은 모름지기 동양적 감성이 들어있는 단어이지만, 서양에서는 이것을 행운이라고 표현하기도 한 것 같습니다. 결국 남에게는 있는데 나에게는 없는 것을 얻게 되는 것을 복이라고 생각하는 것 같으며, 바꿔 말하면, 남에게는 없는데 나에게 있는 것이 복이 아닐까요?

생각만 바꾸면 모든 게 복이 되며, 긍정적인 자세로 열심히 하는 자에게 행운도 복도 있는 듯하고, 이는 필자가 M&A 추진 과정에서 느낀 점입니다.

첫 번째 이정표(First Milestone)

인수한 기업은 코스닥 등록 법인이며 한마디로 부실기업의 종합판이고, 이 기업은 대표이사가 없었고 경영진도 전 무한 상태에서 중견 간부가 중심이 되어 임시위원회에서 의사결정을 하는, 위태롭게 운영 중인 기업이었고, 전자 회사인 인수 대상 기업의 부실 실태는 그 지역에서 소문으로 알고 있었고, 어느 기업도 인수할 엄두가 나지 않는 재무구조 등이 좋지 못한 상태였습니다. 부품그룹의 대주주 역시 부실기업인 전자 회사의 인수 여부를 놓고 많은 토론이 있었으며, 인수를 잘못하면 기존 회사도 망할 수 있다는 진단도 나왔고, 전자 회사는 코스닥 등록 법인으로 공시 문제로 퇴출당할 수도 있었으며, 게다가 예상되는 세금 부담이 클 수도 있다는 세무 전문가들의 갑론을박이 이어져 혼란의 시간은 계속되었습니다.

부품그룹의 대주주 가족이 한 말이 지금도 생생하고, "우리는 가족이 더 중요합니다. 지금 상태에서 가족 경영이 중요하지, 특별히 대기업이 되기를 원하지 않는다."라고 했습니다. 정말로 맞는 말이고, 대주주는 30년 동안 갖은 고생 끝에 지금의 알뜰 기업을 이루었고, 업종이 전혀 다르고 실태를 알 수 없는 부실기업을 잘못 인수하면, 그동안 이룬 업적이 전부 무너지게 될 수 있으니 고민하는 것은 당연했습니다.

필자도 동감했으며, 특히 대주주 가족이 반대하는 일이었고, 대주주와 장시간에 걸쳐 의논한 끝에 인수를 포기하기로 했고, 기업 매각을 주관하는 분을 찾아가서 부품그룹에 대한 의견을 전달했지만, 그는 대리인의 신분이라 결정할 수가 없다고 회피했고, 인수에 대한 진퇴가 불분명하여 정말 답답한 순간이었습니다.

인수 대상 기업을 단순히 표현한다면, 현재 재정 상태가 불안하고 미래가 불투명하다고 요약할 수 있고, 인수 시 장점보다 단점이 훨씬 많은 기업이었으며, 대주주가 고민을 거듭하다가 필자에게 어떻게 하면 좋겠냐고 문의해서, 시장의 확장성은 긍정적이고 세금 문제는 세무 전문가마다 견해가 달라 시장 확대의 가능성을 보고 인수하는 쪽이 좋겠다고 건의하였으며, 시장이 확대되면 돈을 벌어 세금을 내면 된다고 안심시켰습니다.

속마음은 인수 부담감으로 불안하여 잠재울 수가 없었고, M&A 시장에서 모든 것이 좋은 상태라면 기업 가치가 매우 높고, 인수 기회가 오질 않는다는 것이 통념이며, 남들이 호감을 느낄 뭔가는 부족하기에 기회를 포착할 수 있고, 인수 후 혁신 활동으로 개선이 가능하면 건전한 기업이 될 수 있겠다는 기대가 앞섰습니다.

월급쟁이는 직장(회사)의 재산이 제 것이 아니므로 직장에서 대주주보다 위험한 투자 관련 경영을 판단하는데 더 쉬울 수도 있으며, 월급쟁이는 비교적 소신껏 건의할 수 있습니다. 자기 것이 아닌 것은 오히려 더 자유롭게 판단할 수 있다는 장점이 있고, 긍정적인 부분이 더 많으면, 부정적인 부분은 덮을 수 있다고 생각했습니다. 그러나 긍정적인 부분을 빌미로 부정적인 것을 자행하면 안 되고, 따로따로 계산·평가해야지 이를 합산하여 잘못을 없애는 것은 절대 아니며, 국내는 물론 중국의 거대한 시장이 기다리고 있으니 물량 증대로 제품의 생산원가가 하락하면 수요는 폭발할 것이라고 조심스럽게 예측했습니다.

인수 여부를 놓고 많은 고민을 했는데, 인수 후 다행히 수요가 늘어 제품 원가는 급속히 하락하였고, 거대 인구의 중국을 비롯하여 국내에서도 가정용 수요의 증가로 매출은 큰 폭으로 증가하였으며, 필자는 기업 성장으로 가는 길인 기업 인수도 운이 좋아야 한다는 점을 느끼게 되었으며, 정말 운 좋게 대박의 조짐이 보였고, 국내는 물론 중국에서의 매출 증가는 계속되었습니다.

중국에 수출하는 물량 폭증으로 중국에 현지법인을 설립하게 되었는데, 중국에 현지법인 설립 시 아무런 준비도 없이 의욕만으로 진출하였고, 그 당시 생각은 기업경영의 경우 임직원의 열정만 있으면, 못할 것이 없다는 것이었습니다. 중국으로의 전자부품 진출은 초행길이었지만, 작은 실수도 없이 꼼꼼히 수립한 계획대로 바쁘게 진행되었고, 정말, 기적은 제 발로 찾아왔고, 임직원은 하나같이 들뜬 분위기 속에서 열심히 일하게 되었습니다.

필자는 기업도 사람도 행운이 있어야 한다고 생각하고, 기업 인수, 첫 작품의 성공에는 임직원의 무한한 열정이 뒷받침되었으며, 대주주의 기업 성장 기회는 적기였고 대주주의 행운은 정말 최고였던 것 같습니다.

인수한 전자 회사는 국내외 판매 증가로 애초 목표한 매출 5천억 원을 초과 달성했고, 인수기업의 매출은 국내는 물론 중국의 현지법인 진출로 그 규모가 1조 원을 넘어서고 있었으며, 전자 대그룹의 국내외 매출 증가에 따라 인수한 전자 회사도 폭발적인 매출 증가로 이어졌고, 정말 다행한 일이 아닐 수 없었습니다. 기업 인수 관련 불안감은 물론 향후 기업 성장의 기회에 관한 모든 걱정을 잠재우게 되었고, 장기 비전 계획수립 관련 실무 논의 중, 옆에 있던 대주주의 가족이 꿈을 깨라고 기쁨에 찬, 격려의 말씀도 해 주셨고, 모두 흥분하지 않을 수 없는 경이적인 성장세가 계속 이어지고 있었습니다.

당시에 필자는 직장 인근에서 부품회사가 급성장한다는 소문으로 유명세를 치렀고, 부품회사가 창업 이후 기업 인수 없이 잠잠했는데, 신규 영입한 임원이 M&A를 하고 있다는 소문은 인근 식당에서 이야깃거리가 되었습니다. 그러나 기업 인수는 결코 쉬운 작업이 아니었습니다.

기업 인수는 남 보기에는 쉬운 일인 것 같지만, 작은 일부터 중요한 일까지 실무적으로 어려움이 무척 많았고, 기회가 되면 그런 소소한 내용을 이야기할지도 모르겠으며, M&A 관련 실무적인 내용을 듣고자 하는 기업인이 있다면 M&A 추진 과정을 자세하게 소개할 생각입니다. 기업 관련 내용을 전부 기술하는데, 여러 가지 한계가 있어 일반 내용만 요약 정리하였다는 점을 독자들은 이해하시길 바랍니다.

기업 인수는 우연히 성사되기도 하고, 막상 귀중한 보물은 찾으려 하면 눈에 잘 보이지 않고, 소문을 듣고 우연한 기회에 동물적인 감각으로 포착하기도 합니다. 당시 인수 대상인 전자 회사는 코스닥에 등록되어 전자 대그룹에 직접 납품하는 기업이며, 인수 전, 대상기업인 전자 회사의 대표이사는 구치소에 있었고, 전자 회사를 경영하는 경영진은 찾아볼 수가 없었으며, 또한 공시 문제, 세금 문제, 종업원의 근무 기강 문제 등 어느 하나 제대로 돌아가는 것이 없었습니다.

자금흐름과 자금 사정을 살펴보니, 당장 ○○억 원을 구하지 못하면 시중 은행에서 돌아오는 일반자금대출금인 차입금 상환을 할 수 없어

부도가 날 수 있었고, 인수 대상기업의 임시운영위원회(차장급에서 부장급)가 필자가 다니던 부품회사의 대주주를 직접 찾아와서 부도를 막을 수 있도록 자금 ○○억 원을 담보 없이 무조건 빌려 달려고 생떼를 쓰기도 했습니다.

임시운영위원회의 요청으로 부품그룹의 대주주가 담보는 물론 아무 조건 없이 ○○억 원을 그냥 빌려주었고, 정말 대단한 결심을 했는데, 그것이 하나의 계기가 되어 그 기업을 인수하게 되었습니다. 어려운 기업에 담보 없이 큰돈을 빌려주는 것이 대상기업의 종업원과 전자 대그룹에 신뢰 있는 기업으로 크게 인식하게 되었습니다. 필자라면 도저히 결정할 수 없는 어려운 일인데, 부품그룹의 대주주가 동물적인 경영 감각으로 일 처리하는 것을 직접 옆에서 지켜보았고, 필자와 같은 월급쟁이와 기업의 주인인 대주주와는 사고의 차이가 크다는 것을 마음속으로 깨닫게 되었습니다.

성공적인 M&A 항목별 요약

① 명확한 전략: M&A를 추진하는 명확한 비즈니스 전략을 수립할 필요가 있습니다.

② 적합한 대상 선정: M&A 대상기업을 선정할 때, 목표와 부합하며 시너지 효과를 창출할 수 있는 기업을 선택하는 것이 중요합니다.

③ 철저한 검토: 대상기업을 철저하게 검토해 재무 상태, 법적 문제, 시장 경쟁력 등을 종합적으로 평가하는 것이 바람직합니다.

④ 통합 계획: M&A 후 통합 계획을 수립해 조직, 문화, 시스템 등을

조화롭게 통합합니다.

⑤ 커뮤니케이션: M&A에 관한 명확·투명한 커뮤니케이션으로 직원, 고객, 주주 등의 이해와 지지를 얻어야 합니다.

⑥ 문화적 조화: 두 기업의 문화를 조화롭게 결합하여 긍정적인 조직 문화를 만들어야 합니다.

⑦ 재무적 성과: M&A를 통해 재무적인 성과를 창출하고, 주주 가치를 증대시켜야 합니다.

⑧ 리스크 관리: M&A 과정에서 발생할 수 있는 리스크를 식별하고 적절한 대응 방안을 마련하는 것이 필요합니다.

⑨ 지속적인 모니터링: M&A 후에도 지속적인 모니터링으로 성과를 평가하고 필요한 조치를 시행합니다.

M&A(Mergers and Acquisitions: 인수합병) 성공과 실패 사례와 시사점

국내 주요 M&A(Mergers and Acquisitions) 성공 사례와 시사점

1. ○G에너지솔루션의 ○M 울트리움 배터리 합작사 설립(2021~2025)

① 거래 규모: 2조 3,000억 원

② 성공 요인은 다음과 같습니다.

- 글로벌 자동차 시장 진출 + 미국 IRA(인플레이션 감축법) 혜택 확보
- 합작사 설립을 통한 기술 공유 및 생산 효율화

③ 성과: 2025년 기준 북미 시장 점유율 25% 달성

2. ○화솔루션의 ○CELLS 인수(2022~2024)

① 거래 규모: 2조 1,000억 원

② 성공 요인은 다음과 같습니다.

- 태양광·배터리 사업 시너지 극대화
- 미국·유럽 시장 진출 가속화

③ 성과: 2024년 글로벌 태양광 모듈 시장 3위 달성

3. ○K하이닉스의 ○텔 낸드 사업부 인수(2021~2023)

① 거래 규모: 10조 3,000억 원

② 성공 요인은 다음과 같습니다.

- 낸드 플래시 시장 경쟁력 강화
- 기술 통합 및 원가 절감 효과

③ 성과: 2023년 글로벌 낸드 시장 3위로 도약

4. ○카오의 ○M엔터테인먼트 인수(2022~2023)

① 거래 규모: 1조 2,000억 원

② 성공 요인은 다음과 같습니다.

- K 콘텐츠 + 플랫폼 사업 연계(예: ○론, ○카오페이지)
- 해외 시장 진출(○트다, ○espa 등)

③ 성과: 2023년 매출 2조 원 돌파

5. ○산로보틱스의 ○대중공업 인수(2024)

① 거래 규모: 1조 5,000억 원

② 성공 요인은 다음과 같습니다.

- 제조·물류 로봇 시장 선점
- AI·자동화 기술 결합

③ 성과: 2025년 국내 산업용 로봇 시장 1위

| 국내 M&A 성공 3대 조건

① 전략적 시너지: 기술·시장·유통망 통합으로 경쟁력 강화

② 실적 개선: 인수 후 3년 내 EBITDA 15% 이상 상승 사례 다수

③ 글로벌 연계: 해외 시장 진출 또는 규제 리스크 회피(예: 미국
  IRA 대응)

참고: 한국거래소에 따르면 2024년 국내 M&A 거래액은 38조 원으로, 전년 대비 12% 증가했습니다.

국내 주요 M&A(Mergers and Acquisitions) 실패 사례와 시사점

1. ○K케미칼의 독일 ○이엘 사업부 인수(2015~2017)

① 실패 요인은 다음과 같습니다.

- 인수 후 통합(PMI) 실패로 인한 생산 효율성 저하
- 독일 현지 노사 갈등과 문화 차이
- 바이오 신약 파이프라인 지연

② 결과: 2025년 기준 누적 손실 1조 2,000억 원, 사업부 매각 검토 중

2. ○데그룹의 미국 식품기업 '○노우플랙' 인수(2016~2019)

① 실패 요인은 다음과 같습니다.

- 현지 시장 진출 전략 부재(미국 소비자 기호 미반영)
- 과도한 인수 금액(3조 5,000억 원)으로 ROI 미달

② 결과: 2019년 매각 시도 실패, 2025년까지 지속적인 적자 발생

3. ○진그룹의 ○한항공-○진칼 합병(2019~2021)

① 실패 요인은 다음과 같습니다.

- 주주 간 이해관계 충돌(○양호 일가 vs 기관투자자)
- 금융당국의 독점 규제로 인한 추가 부담

② 결과: 2021년 합병 무효화, 주가 40% 하락

4. ○부그룹의 ○우조선해양 인수 시도(2018~2019)

① 실패 요인은 다음과 같습니다.

- 과도한 부채(12조 원)를 안은 부실기업 인수
- 조선업 경기 침체로 인한 수익성 악화

② 결과: 2019년 인수 포기, ○부그룹 자체 부도 위기

5. ○카오의 ○M엔터테인먼트 인수 후 갈등(2023~2025)

① 실패 요인은 다음과 같습니다.

- 경영권 분쟁(이사 임명권 갈등)
- ○M 기존 경영진과의 전략적 불일치

② 결과: 2025년 ○M 분할 매각 추진 중, 브랜드 가치 하락

| 국내 M&A 실패 3대 원인

① 실사(DUE DILIGENCE) 미흡: 숨은 부채/리스크 간과

② 인수 후 통합(PMI) 실패: 조직 문화·시스템 충돌

③ 과도한 프리미엄: 실제 가치 대비 30~50% 초과 지급

| 성공 전략

- 사전 검증: 재무·법률 실사 + 현지 문화 분석

- 단계적 인수: Earn-out(성과 연동 지급) 조건 활용

- 전문가 활용: M&A 자문사·투자은행과의 협력

참고: 한국거래소에 따르면 2024년 국내 M&A 실패 사례 중 68%가 PMI 실패에서 비롯되었습니다.

글로벌 M&A(Mergers and Acquisitions) 성공 사례와 시사점

1. ○이크로소프트(○S)의 ○티비전 블리자드 인수(2022~2023)

① 거래 규모: 687억 달러(역대 게임 업계 최대 규모)

② 성공 요인은 다음과 같습니다.

- 클라우드 게임(Xbox Cloud Gaming)과 콘텐츠(Call of Duty, World of Warcraft) 시너지

- 메타버스와 AI 연계 전략

③ 성과: 2025년 기준 게임 구독 서비스(GAAP) 사용자 3,500만 명 돌파

2. ○스트라제네카(○Z)의 미국 바이오기업 '○렐루드 테라퓨틱스' 인수 (2023)

① 거래 규모: 194억 달러

② 성공 요인은 다음과 같습니다.

- 암 치료제 파이프라인 확보(○DC 기술)
- FDA 승인 진행 중인 약물 3종 포함

③ 성과: 2024년 ○DC 시장 점유율 15% 달성

3. 일본 ○프트뱅크의 영국 반도체기업 '○RM' 나스닥 상장(2023)

① 거래 규모: 58억 달러(IPO 기준)

② 성공 요인은 다음과 같습니다.

- AI 반도체 수요 급증 활용
- 인수 후 8년간 글로벌 시장 점유율 70% 유지

③ 성과: 상장 1년 만에 시가총액 1,200억 달러 돌파

4. ○마존(○MAZON)의 ○ROBOT 인수(2023)

① 거래 규모: 17억 달러

② 성공 요인은 다음과 같습니다.

- 로봇 청소기(○바) + AI·IoT 플랫폼 통합
- 스마트 홈 시장 선점

③ 성과: 2025년 가정용 로봇 시장 점유율 35% 달성

5. ○VMH의 ○파니 인수(2019~2021)

① 거래 규모: 162억 달러

② 성공 요인은 다음과 같습니다.

- 럭셔리 시장 통합으로 미국 시장 영향력 확대
- 티파니 브랜드 가치 2배 상승(2023년 기준)

③ 성과: 2024년 ○VMH 매출 900억 유로 돌파

| 글로벌 M&A 성공 핵심 요소

① 기술·시장 시너: AI, 반도체, 바이오 등 미래 산업 선점

② 규제 리스크 관리: 각국 경쟁 당국 승인 절차 사전 검토(예: AZ-FTC 협상)

③ 문화 통합(PMI): 인수 후 조직 문화 충돌 최소화(예: ○S-○리자드 경영권 분리)

④ 성과 연동 지급: Earn-out 조건을 활용해 과도한 프리미엄 방지

| 참고

- 2024년 글로벌 M&A 거래액은 3.4조 달러로, AI·반도체 분야가 40% 차지(Refinitiv 데이터).
- 실패 사례 대비 성공률은 35%로, 사전 실사와 PMI 투자가 관건입니다.

글로벌 M&A(Mergers and Acquisitions) 실패 사례와 시사점

1. ○마트(○ALMART)의 ○트닷컴(○ET.COM) 인수(2016~2023)

① 실패 요인은 다음과 같습니다.

- 과도한 프리미엄: ○트닷컴의 실제 가치 대비 45억 달러(약 5조 원)로 고평가 인수
- 통합 실패: 월마트 공급망과 ○트닷컴의 AI 기반 가격 최적화 시스템 충돌
- 시장 적합성 부재: 저가형 온라인 쇼핑몰 전략이 ○마존과 차별화 실패

② 결과: 2023년 ○트닷컴 서비스 중단, 3조 원 이상 손실

2. ○P의 ○토노미(○UTONOMY) 인수(2011~2025)

① 실패 요인은 다음과 같습니다.

- 재무 조작 은폐: ○토노미가 매출을 부풀린 사실을 인수 후 발견
- 실사 미흡: 회계 부정 증거를 간과한 감사 실패

② 결과: 2025년까지 100억 달러(약 13조 원) 분쟁 비용 발생, ○P 주가 40% 폭락

3. ○즈니의 21세기 폭스 인수 후 문제(2019~2025)

① 실패 요인은 다음과 같습니다.

- 부채 증가: 713억 달러(약 94조 원) 인수로 재무 악화
- 콘텐츠 과잉: ○트리밍 플랫폼(○즈니+)에 ○스 콘텐츠 적재

실패

② 결과: 2025년 기준 ○즈니의 스트리밍 부문 적자 지속, 주가 25% 하락

4. ○너럴일렉트릭(○E)의 ○이커휴즈(○AKER HUGHES) 인수(2017~2021)

① 실패 요인은 다음과 같습니다.

- 산업 침체: 유가 하락으로 석유·가스 장비 수요 급감
- 문화 충돌: ○E의 중앙집중식 경영과 ○이커휴즈의 자율성 충돌

② 결과: 2021년 사업부 분할, ○E 에너지 부문 매각

5. ○니의 ○럼비아 픽처스 인수 후 경영난(1989~2025)

① 실패 요인은 다음과 같습니다.

- 장기적 적자: 영화 제작 비용 증가로 수익성 악화
- 전략적 한계: 소니의 전자 사업과의 시너지 부재

② 결과: 2025년 ○럼비아 픽처스 매각 검토 중

| 글로벌 M&A 실패 5대 교훈

① 실사 철저화: 회계·법적 리스크는 반드시 확인(예: ○토노미 사례)

② 문화 통합(PMI): 조직 문화 차이로 인한 생산성 저하 방지

③ 적정 가격 평가: 과대 평가된 거래는 대부분 실패로 이어짐

④ 시장 변화 모니터링: 인수 후 산업 환경 변화(예: 유가 하락) 대응

⑤ 성과 연동 지급(EARN-OUT): 과도한 프리미엄 방지를 위한 조건
설정

참고: 2024년 M&A 실패 사례 중 70%가 PMI 실패에서 비롯되었으
며, 평균 손실액은 12억 달러입니다.

PMI(Post-Merger Integration, 인수 후 통합) 성공과 실패 사례와 시사점

국내 PMI(Post-Merger Integration) 성공 사례와 시사점

1. ○K하이닉스 - ○텔 낸드 사업부 인수(2021~2023)

① 성공 요인은 다음과 같습니다.

- 기술 통합: ○텔의 3D 낸드 기술을 ○K하이닉스의 생산라인
에 즉시 적용, 양산 효율화
- 인력 통합: 핵심 R&D 인력 유지 및 이중 보고 체계(dual reporting)
도입으로 문화 충돌 최소화
- 시스템 통합: ERP 시스템을 6개월 내 단일화하여 공급망 관리
최적화

② 성과: 인수 2년 만에 낸드 플래시 시장 점유율 3위 달성, 2025년
누적 매출 8조 원 돌파

2. ○G에너지솔루션 - ○M 합작사(2021~2025)

① 성공 요인은 다음과 같습니다.

- 현지화 전략: 미국 현지 공장 설립 및 현지 경영진 임명으로 문화적 차이 해소
- 생산 프로세스 표준화: ○G의 배터리 기술과 ○M의 자동차 설계 기준을 통합해 품질 균일성 확보
- 공동 R&D: 전기차 배터리 수명 연장을 위한 합작 연구소 설립

② 성과: 2025년 북미 전기차 배터리 시장 점유율 25% 달성

3. ○카오 - ○M엔터테인먼트(2022~2023)

① 성공 요인은 다음과 같습니다.

- 브랜드 독립성 유지: ○M의 기존 아티스트 관리 시스템을 보존하며 ○카오의 디지털 플랫폼과 연계
- 콘텐츠 유통 최적화: ○론, ○카오TV에 ○M 콘텐츠 우선 노출로 수익 증대
- 데이터 활용: 팬 데이터 분석을 통한 맞춤형 마케팅(예: ○espa 팬 미팅 타겟팅)

② 성과: 인수 1년 만에 ○M 부문 매출 40% 증가, 해외 시장 진출 가속화

4. ○화솔루션 - ○CELLS(2022~2024)

① 성공 요인은 다음과 같습니다.

- 글로벌 공급망 통합: 한화의 반도체·화학 사업부와 ○cells의 태양광 기술 시너지 극대화
- 문화 통합 프로그램: 독일·미국 현지 팀과 한국 본사 간 크로

스 컬처 트레이닝 실시

- 재무 통합: 에너지 저장 시스템(ESS) 사업부 신설로 포트폴리
오 다각화

② 성과: 2024년 글로벌 태양광 모듈 시장 3위 진입

| 국내 PMI 성공 3대 원칙

① 신속한 실행: 핵심 의사결정은 100일 내 완료(예: ○K하이닉스의
ERP 통합)

② 현지화 VS 표준화 균형: 글로벌 기업은 현지 자율성 보장, 국내
기업은 프로세스 표준화

③ 인력 유지: 핵심 인재 이탈 방지를 위한 스톡옵션·보상 체계 강화

참고: 한국기업지배구조원에 따르면, PMI를 체계적으로 수행한 기
업은 M&A 성공률이 60% 이상 높았으며, 실패 사례의 70%는 문화 충
돌에서 비롯되었습니다.

국내 PMI(Post-Merger Integration) 실패 사례와 시사점

1. ○J제일제당 - ○플러스 통합 실패(2016~2018)

① 실패 요인은 다음과 같습니다.

- 유통 시스템 충돌: ○J의 B2B 중심 공급망과 ○플러스의 대형
마트 운영 방식 불일치

- 브랜드 통합 실패: "○플러스" 브랜드 유지로 인한 시너지 부재

- 인력 감축 반발: 구조조정 과정에서 노사 갈등 심화

② 결과: 2018년 매각 검토, 2025년까지 누적 손실 2조 원

2. ○데지주 - ○데쇼핑 합병 후 경영 혼란(2020~2022)

① 실패 요인은 다음과 같습니다.

- 이중 지배구조: 지주사와 자회사 간 의사결정 지연
- 온라인 전환 실패: 오프라인 중심 전략 고정으로 이커머스 경쟁력 상실

② 결과: 2022년 ○데쇼핑 주가 50% 폭락, M&A 비용 회수 불가

3. ○부건설 - ○우건설 인수 후 파산(2010~2015)

① 실패 요인은 다음과 같습니다.

- 과도한 부채 승계: ○우건설의 4조 원 부채를 ○부그룹이 부담
- 실사 미흡: 부동산 프로젝트 리스크 간과

② 결과: 2015년 ○부건설 파산, 그룹 전체 부도 위기

4. ○세계그룹 - ○마트 + ○SG닷컴 통합 지연(2023~2025)

① 실패 요인은 다음과 같습니다.

- IT 시스템 호환성 문제: 오프라인(○마트)과 온라인(○SG닷컴) 플랫폼 통합 실패
- 고객 데이터 활용 미흡: 통합 CRM 시스템 부재

② 결과: 2025년 기준 이커머스 시장 점유율 5%로 정체

5. ○K텔레콤 - ○YNIX 인수 후 반도체 사업 포기(2001~2012)

① 실패 요인은 다음과 같습니다.

- 핵심 역량 부재: 통신사와 반도체 산업의 기술 격차

- R&D 투자 부족: 글로벌 경쟁사 대비 기술 경쟁력 약화

② 결과: 2012년 ○K하이닉스를 별도 법인으로 분할, 추가 투자 중단

| 국내 PMI 실패의 공통 원인

① 실사(DD) 부족: 숨은 부채/운영 리스크 간과

② 문화 충돌: 인수-피인수 기업 간 조직 문화 차이

③ IT 시스템 통합 실패: 통합 지연으로 생산성 저하

④ 과도한 부채: 인수 금액의 30% 이상이 부채로 구성된 사례 다수

| 성공적 PMI를 위한 핵심 전략

- 100일 계획(100-DAY PLAN): 인수 후 3개월 내 핵심 목표(예: 시스템 통합, 인력 조정) 실행

- 크로스-펑셔널팀 구성: 재무, IT, 인사팀이 협업해 통합 로드맵 수립

- 고객 중심 통합: 브랜드 통합 시 고객 이탈 최소화(예: ○J-Homeplus 사례 교훈)

참고: 한국기업지배구조원 분석(2024)에 따르면, PMI 실패 기업의 70%는 통합 계획 미비가 주된 원인이었습니다.

해외 PMI(Post-Merger Integration) 성공 사례와 시사점

1. ○이크로소프트(○S) - ○티비전 ○리자드 통합(2023~2025)

① 성공 요인은 다음과 같습니다.

- 기술 통합: ○티비전의 게임 IP(Call of Duty 등)를 Xbox 클라우드와 연동해 구독 서비스 강화
- 문화 통합: ○리자드 개발팀의 자율성 보장 + ○S의 AI 기술 지원
- 글로벌 확장: ○티비전의 해외 네트워크를 활용해 140개국 시장 진출

② 성과: 2025년 게임 구독 서비스 사용자 3,500만 명 달성

2. ○VMH - ○파니 통합(2021~2023)

① 성공 요인은 다음과 같습니다.

- 브랜드 독립성 유지: ○파니의 전통적 이미지를 유지하면서 ○VMH의 유통망 활용
- 고급 인재 유지: ○파니 경영진 70% 유지 및 크로스 트레이닝 실시
- 디지털 전환: ○파니 온라인 플랫폼과 ○VMH의 CRM 시스템 통합

② 성과: 2023년 ○파니 매출 18% 증가, 미국 시장 점유율 1위

3. ○스트라제네카(○Z) - ○레드루크 테라퓨틱스 통합(2023~2024)

① 성공 요인은 다음과 같습니다.

- R&D 시너지: ○Z의 임상 데이터와 ○레드루크의 ADC(항체-약물 복합체) 기술 결합

- 현지화 전략: 미국 현지 연구소 유지 및 ○Z 글로벌 네트워크 연계

- 규제 대응: FDA 승인 절차에 ○Z의 경험 활용

② 성과: 2024년 암 치료제 시장 점유율 15% 달성

4. ○마존 - ○ROBOT 통합(2023~2025)

① 성공 요인은 다음과 같습니다.

- 제품 통합: ○바 로봇 청소기와 ○마존 AI(Alexa) 연동

- 공급망 효율화: ○마존의 물류 시스템을 활용해 생산 비용 20% 절감

- 고객 데이터 활용: ○마존 구매 이력과 ○Robot 사용 패턴 결합해 맞춤형 서비스 제공

② 성과: 2025년 가정용 로봇 시장 점유율 35%

5. ○니레버 - ○SK 소비 건강 사업부 통합(2022~2024)

① 성공 요인은 다음과 같습니다.

- 제품 포트폴리오 통합: ○SK의 비타민·구강 제품과 ○니레버의 FMCG 역량 결합

- 마케팅 시너지: ○니레버의 글로벌 광고 네트워크와 ○SK의 전문 브랜드·이미지 활용

- 문화 통합: ○SK의 과학 중심 문화와 ○니레버의 마케팅 팀

간 협업 강화

② 성과: 2024년 건강 기능식품 시장 점유율 10% 상승

| 글로벌 PMI 성공 핵심 원칙

① 전략적 일관성 인수 목적(예: 기술 확보, 시장 진출)에 맞춘 통합
계획 수립

② 신속한 실행: 핵심 의사결정은 100일 내 완료(예: MS의 클라우드
연동)

③ 문화 통합: 이중 보고 체계(dual reporting) 또는 크로스 트레이닝
도입

④ 성과 연동 보상: 핵심 인재 유지를 위한 스톡옵션 제공

참고: PMI 성공 사례의 80%는 사전 통합 계획(PMI PLAN)을 수립한
경우입니다(McKinsey, 2024).

해외 PMI(Post-Merger Integration) 실패 사례와 시사점

1. ○P - ○토노미 통합 실패(2011~2023)

① 실패 요인은 다음과 같습니다.

- 재무 부정 은폐: ○토노미의 매출 과장 사실을 인수 후 발견
→ 88억 달러 손실

- 문화 충돌: ○P의 보수적 문화와 ○토노미의 스타트업 문화
간 갈등

- 기술 통합 실패: ○토노미의 AI 시스템과 HP의 기존 인프라

호환성 부족

② 결과: 2023년까지 소송 비용 100억 달러, 주가 40% 폭락

2. ○마트 - ○트닷컴 통합(2016~2023)

① 실패 요인은 다음과 같습니다

- 전략 불일치: ○트닷컴의 AI 기반 가격 최적화 모델이 월마트 공급망과 충돌
- 인력 이탈: 핵심 개발자 40% 퇴사
- 시장 적응 실패: ○마존과의 차별화 전략 부재

② 결과: 2023년 서비스 중단, 33억 달러 손실

3. ○OL - ○임워너 합병(2000~2003)

① 실패 요인

- 산업 간 괴리: 인터넷 기업(○OL)과 전통 미디어(○임워너)의 시너지 부재
- 이중 구조 유지: 두 회사의 별도 운영으로 인한 비용 증가
- 기술적 한계: ○OL의 다이얼업 서비스가 브로드밴드 시대에 뒤처짐

② 결과: 2003년 합병 해체, 1,000억 달러 이상의 손실

4. ○이크로소프트 - ○언스(NUANCE) 인수 후 통합 지연(2023~2025)

① 실패 요인은 다음과 같습니다.

- AI 전략 갈등: ○언스의 음성 인식 기술과 MS의 Copilot 전략

연계 실패

- 고객 이탈: 의료 기관 고객 30%가 경쟁사(구글 클라우드)로
전환

② 결과: 2025년 누적 손실 50억 달러, 시장 점유율 15% 감소

5. ○쉬 - ○쉬렉스로스(○OSCH ○EXROTH) 통합 실패(2017~2021)

① 실패 요인은 다음과 같습니다.

- 문화 충돌: 독일 본사와 미국 현지 팀의 의사결정 방식 차이
- 생산 효율성 저하: 공장 자동화 시스템 통합 지연

② 결과: 2021년 사업부 매각, 20억 유로 손실

| 공통 실패 원인

① 실사(DD) 미흡: 재무적·기술적 리스크 간과

② 문화 충돌: 조직 문화 차이로 인한 생산성 저하

③ 기술 통합 실패: 시스템 호환성 부재

④ 과도한 프리미엄: 실제 가치 대비 고평가 인수

| 성공적 PMI를 위한 교훈

- 100일 계획(100-DAY PLAN): 인수 후 3개월 내 핵심 목표(예: IT
통합, 인력 조정) 실행
- 크로스-펑서널팀 구성: 재무·IT·인사팀이 협업해 통합 로드맵
수립
- 성과 연동 보상: 핵심 인재 유지를 위한 스톡옵션 제공

참고: McKinsey 분석(2024)에 따르면, PMI 실패 사례의 70%는 문화 통합 실패에서 비롯되었습니다.

기업 성장과 확장성

기업 인수 검토 시 시장 확장성(매출 확대)을 매우 중시할 필요가 있습니다. 제조기업은 지속해서 제품을 팔 수 있는 시장(매출 시장 확장성)이 있어야 하고, 적정한 이익을 내야 합니다. 매출 증대를 위한 시장 확장성은 매우 중요하고, 지속적인 매출 증가는 중요한 기본 요소입니다.

내부 시스템도 중요하지만, 더 중요한 것은 기업 성장의 생명인 매출이며, 기업에서 인재 양성은 기본이고, 인재들이 기업을 경영하여 지속 성장으로 이끌고, 기업은 인재와 경영 시스템으로 원가경쟁력을 키우고, 매출 신장을 위해 거래처를 확대하고, 설비투자와 필요한 자금도 조달합니다.

한마디로 기업은 사람이고, 기업의 종업원은 경영계획에 따라 기업을 움직입니다. 기업경영에서 가장 기본이 되는 것은 매출이고, 그다음이 매출에 대응한 원가 구성 요소입니다. 기존 거래처 유지는 물론이고 신규 거래처를 발굴해야만 영업이익의 밑거름인 매출이 계속 증가할 수 있습니다.

통상 마케팅의 기본적인 점검 사항인 4P(product, place, price, promotion, 마케팅에서 경영자가 통제할 수 있는 네 가지 요소)를 기본 요소로 하여 성장산업이나 진입장벽을 파악해야 합니다. 흔히들 돈이 모이는 곳에 시장이 있다고 말합니다. 사람이 모이는 곳에 시장이 있으며 구매력도 있고, 아프리카 오지의 주택은 거주할 사람이 없는데, 과연 구매력이 있겠습니까?

사막에 있는 두바이와 같이 지역의 장점에 따라 사람이 모이기 쉬운 곳은 시장이 더 활성화될 것이며, 기술을 바탕으로 형성된 중개무역이 단계별로 경쟁력이 있고, 영업권이 더 높이 형성될 수도 있습니다. 한꺼번에 실행한 과잉투자는 기업의 존폐가 달려 있기 때문에 단계별로 투자해야 합니다. 시장수요에 따른 생산량을 고려한, 단계별로 적정한 투자인지에 대한 신중한 의사결정이 필요합니다. 물론 순수하게 창업한 기업가가 대다수이지만, M&A로 기업을 성장시킨 대주주도 있습니다. 경쟁기업과의 경쟁 구도가 어떤지, 이길 수 있는 전략이 무엇인지, 경쟁사보다 생산성 향상을 위한 인적 물적 요소를 갖추었는지 따라 기업의 미래 가치는 달라질 수 있으며, 학문으로 아는 것과 실무에서 인식하는 것은 개인 성향과 지혜에 따라 크게 다르며, 기업의 인수합병 관련 실무 경험은 매우 중요합니다.

대외비가 많아 내부의 힘으로 의사결정을 하는 것이 좋겠고, 중소 또는 중견기업에서 인수합병의 실무 경험이 있는 임직원은 드뭅니다. 중소기업에서 중견기업으로 갈 수 있는 길은 M&A가 제일 빠른 길이라고 생각합니다. 그렇지만, M&A는 일반적인 생각보다 하나하나의 추진 절차가 무척 난해하다는 점도 유의해야 하며, M&A가 생각한 대로 척척 진행된다면, 기업을 성장시키는데 어려울 것이 무엇이 있겠습니까? M&A에 관심 있는 최고 경영자라면 장기간에 걸쳐 사내 M&A 전문요원을 키울 필요가 있습니다.

개인의 능력 차이는 크게 나지 않습니다. 기본은 누구나 갖추고 있습니다. 작은 차이로 성공과 실패가 판가름이 나게 되고, M&A 이후의 기업경영도 다르지 않을 것이라고 믿습니다. 기업 비전의 차이에서 일어나는 것이 아니고, 제품 품질보다도 그것을 둘러싼 경영관리의 차이로 승패가 납니다. 즉 인재 관리의 문제라고 할 수 있을 것이며, 실행하는 데는 경영자의 덕목이 매우 중요합니다. 업무 추진 시 하나하나를 얼마나 세심하게 점검하고 관리하는가에 대한 근본적인 기업문화가 바로 경쟁력이고, 세계인이 인정한 장수기업인 노키아는 모토로라 제품에서 발견된 작은 문제점을 외면하다가 경쟁시장에서 도태되었다고 합니다.

중국의 기업은 미국 기업과의 제휴가 확실시되는 시점에서 한 끼의 무분별한 저녁 식사가 문제가 되어 제휴 불가라는 통보를 받은 일화가 전해지고 있습니다. 기업경영에서 기본에 소홀히 한 대가로 보이며, 기업경영 시 기본에 충실하지 않아 발생하는 작은 결함과 부주의로도 엄청난 피해가 올 수 있습니다. 기본 준수에 확고한 기업은 어떤 어려움이 닥쳐도 흔들리지 않고 목표를 이루고 정상에 갈 수 있고, 기업경영에서 기본 준수 없이는 결코 성공의 길을 걸을 수 없으며, 경영성패를 결정하는 기본 준수의 문제를 본격적으로 논의할 시점입니다.

M&A를 수행했던 수많은 기업의 성공과 실패 사례들을 분석하고 기업의 성패가 무엇으로 결정되는지를 경영자는 늘 생각해야 합니다. 잘나가는 기업들이 기본 준수에 목숨을 거는 이유는 기업의 성장과 유지를 위해서일 것이고, 물론 개인도 마찬가지이며, 요즘 기업인들은 입을 모아 사업하기가 힘들다고 하소연하고 있습니다. 팔아도 남는 것이 없고 새로운 것을 내놓으면 남들도 금방 따라오고 상품의 생

명 주기는 하루가 다르게 짧아지고 있기 때문이며, 갈수록 치열해지는 시장경쟁에서 살아남아 승리하는 길은 과연 무엇일까? 해답은 기본 준수에 있을 것입니다. 지금 우리는 경쟁 시대에 살고 있으며 기업들도 가장 중요한 경쟁방식으로 기본 준수라는 것을 인식하는 듯합니다. 세계 자동차 생산·판매 1위 기업인 도요타는 재고 관리에 대한 엄격한 예방시스템과 정밀한 생산방식으로 세계 최대의 자동차 기업이 되었습니다.

성공 요소는 결국 시스템에 의한 기본 준수이며 이에 따라 성패가 좌우되고, 기본 준수는 기업의 경쟁력 제고에 결정적 요인이라는 사실은 풍부한 실천 사례들에서 실감 나게 확인할 수 있습니다. 기업 인수 이후의 과정인 PMI(Post-Merger Intergration, 인수합병 후 통합하는 기업합병)는 M&A 전, 방향 설정에 따라 실행하고 점검하여 방향을 유지하고 있는지, 추진 계획표에 따라 실행되는지를 작업 현장에서 직접 확인하고 점검하는 것입니다. 또한, M&A 목적인 해당 업종과의 시너지효과가 우선시되는지도 살펴보아야 할 중요 요소이며, 세계인이 어느 정도 인정하고 있는, 급한 마음에 서두른다는 의미의 '빨리, 빨리'라는 한국문화가 소홀히 해 왔던 기본 준수의 위력을 체감해야 하고, 특히, M&A 이후의 기업경영(PMI)에서 사전적 절차와 방식에 따른 기본 준수가 기업체의 숫자를 늘리는 것보다 더 절실한 시점입니다.

중소기업의 중견기업 도약을 위한 AI 활용 전략

AI가 중소기업에 미치는 영향

1. 생산성 향상

- RPA(Robotic Process Automation, 로봇 프로세스 자동화)로 반복 업무(회계, 재고 관리) 효율화
- **예:** 제조업에서 AI 품질 검사 시스템 도입 → 불량률 30% 감소

2. 비용 절감

- 클라우드 기반 AI 솔루션(예: AWS SageMaker)으로 인프라 비용 최소화

3. 시장 경쟁력 강화

- AI 기반 고객 분석(추천 시스템, 맞춤형 마케팅)으로 매출 증대
- **예:** e커머스 중소기업이 AI 추천 엔진 도입 → 전환율 20% 상승

중견기업 목표 시 AI 핵심 전략

1. 단계적 도입

- **1단계:** 간단한 AI 툴 활용(예: ChatGPT로 고객 상담 자동화)
- **2단계:** 맞춤형 AI 모델 개발(예: 제조업 공정 최적화 AI)

2. 정부 지원 프로그램 활용

- 중소벤처기업부 "TIPS 프로그램"(AI 스타트업 연계 지원)

- KISA "AI 허브"(저비용 데이터·플랫폼 제공)

3. 인재 확보

- AI 전문가 채용보다는 현업 직원 재교육(예: Google의 AI 인증 프로그램)
- 외부 파트너십(대학·연구소)과 협력

| 성공 사례

- **식품 유통사 A사:** AI 수요 예측 시스템 도입 → 재고 비용 40% 절감
- **제조업 B사:** 컴퓨터 비전(이미지 분석) AI로 불량품 검출 → 검사 시간 70% 단축

| 주의 사항

- **데이터 품질:** AI 성능은 데이터 품질에 의존 → 체계적인 데이터 수집 시스템 구축
- **보안:** 클라우드 AI 사용 시 GDPR 등 규정 준수 필수
- **과도한 투자:** 초기 단계에서는 PILOT 프로젝트로 효과 검증 후 확장

| AI 도입 체크리스트

① 현재 업무 중 반복성 높은 프로세스 식별

② AI 적용 가능 분야 우선순위 설정(예: 재고 관리 → 고객 분석)

③ 정부 지원 프로그램 또는 클라우드 AI 툴 테스트 등

AI는 중견기업으로의 성장을 가속화하는 핵심 도구이며, 기업의 실정에 맞도록 단계적 도입과 데이터 기반 의사결정이 성공의 열쇠입니다.

VC(벤처캐피탈) 및 재무적 투자 유치 전략

중소기업이 중견기업으로 성장하면 벤처캐피탈(VC)을 활용하는 전략이 근본적으로 변화합니다. 기존의 성장을 위한 '초기 자금 조달' 중심에서 '전략적 파트너십 및 스케일업' 중심으로 전환해야 하며, 중견기업은 VC에게 매력적인 투자 대상이 되지만, 중소기업 졸업으로 인해 기존 VC 펀드(주로 벤처 투자 촉진을 위한 정부 출자 펀드)의 투자 대상에서 제외될 수 있어 유치 전략을 재정비해야 합니다.

1. 중견기업 전환 시 VC 투자 환경 변화

중견기업은 규모와 안정성을 갖추었기에 금융 시장에서 다양한 자금 조달 옵션(은행 대출, 회사채 등)을 이용할 수 있습니다. 따라서 VC 투자 유치 시 다음과 같은 변화를 고려해야 합니다.

구분	중소기업 단계	중견기업 단계
투자 유치 목적	사업화 자금, 기술 개발, 초기 운영자금(생존 및 성장)	M&A 자금, 글로벌 진출, 신사업 인수(스케일업 및 혁신)
주요 VC 유형	초기 단계 전문 VC, 정부 정책자금 출자 펀드 (CVC-규제 완화 중)	중/후기 단계 전문 VC, PEF(사모펀드), 글로벌 VC
투자 제약 사항	투자 리스크 높음	정부 출자 벤처펀드 투자 대상 제한 (중소기업 졸업으로 인한 규제)
기업 가치 평가	기술력, 성장성, 잠재 시장 규모 중심	안정적인 현금 흐름, 수익성, 시장 지배력 중심

2. VC 및 재무적 투자 유치 전략(중견기업 관점)

중견기업은 단순히 '돈'을 유치하는 것이 아니라, VC의 전략적 통찰력, 네트워크, M&A 전문성을 활용하는 데 초점을 맞춰야 합니다.

1) 투자 대상 및 펀드 재조정

- **PEF(사모펀드) 및 글로벌 펀드 활용:** 중소기업 졸업으로 인해 VC의 '벤처투자촉진법' 상 투자 대상에서 제외될 경우, PEF나 규모가 큰 성장 단계 전문 VC를 주 타깃으로 설정해야 합니다. 이들은 안정적인 수익 창출 능력이 있는 중견기업에 대한 투자를 선호합니다.

- **CVC(기업형 벤처캐피탈) 파트너십:** 대기업의 CVC는 신사업 연계에 중점을 둡니다. 중견기업이 가진 핵심 기술이나 시장을 바탕으로 대기업 CVC와 전략적 투자(SI)를 유치하고, 기술 협력 또

는 공동 사업을 추진할 수 있습니다.

- **Pre-IPO 단계 투자 유치:** 상장(IPO)을 목표로 하는 경우, 기업 가치를 극대화하고 공모 흥행을 보장하기 위해 Pre-IPO 전문 펀드로부터 투자 유치에 집중합니다.

2) 투자 유치를 위한 '전략적 가치' 제시

중건기업은 재무적 안정성 외에 '왜 VC의 자금이 필요한지'에 대한 명확한 전략을 제시해야 합니다.

- **M&A 및 신사업 확장 자금:** 성장을 가속하기 위한 경쟁사 인수(M&A), 혹은 새로운 미래 성장 동력 확보를 위한 기술 스타트업 투자/인수 자금으로 VC의 자금을 활용한다는 명확한 계획을 제시합니다.
- **해외 시장 확장:** VC의 글로벌 네트워크를 활용하여 해외 공장 설립, 해외 법인 인수, 또는 현지 마케팅 강화를 위한 자금 유치 및 전략적 자문을 요청합니다.
- **디지털 전환(DX) 투자:** 안정적인 현금 흐름을 미래 기술(AI, 클라우드, 자동화) 도입을 통한 경쟁 우위 확보에 재투자한다는 계획을 제시하여 투자자를 설득합니다.

3) 협상 및 엑시트(Exit) 전략 준비

- **공정한 가치평가:** 중건기업은 이미 IPO 가능성이 높거나 안정적인 수익 구조를 갖추었으므로, 과거 중소기업 단계와 달리 기업

가치 평가(Valuation)에서 매출액, 영업이익, 현금흐름 등 재무적 성과를 강력하게 반영해야 합니다.

- **엑시트(Exit) 계획 명확화:** 투자자에게 IPO 시점, M&A 시나리오 등 구체적이고 현실적인 투자회수(Exit) 전략을 제시하여 안정적인 수익 기회를 보장해야 합니다.
- **경영권 방어:** VC 투자 유치 시 경영권이 희석되지 않도록 투자 구조(지분율, 이사회 참여 등)를 설계하고, 상환전환우선주(RCPS) 등 복잡한 조건에 관한 법률 및 재무 전문가의 검토를 반드시 거쳐야 합니다.

<u>IPO(기업공개)를 위한 준비와 로드맵</u>

IPO(기업공개, Initial Public Offering)는 비상장 기업이 주식과 경영 내용을 일반에게 공개하고 증권시장에 상장하는 과정이며, 기업에 대규모 자금 조달, 인지도 및 신뢰도 향상, 기존 주주에게 투자금 회수 기회 제공 등 큰 기회를 제공하는 동시에, 상장사로서의 엄격한 의무를 이행해야 하는 중요한 전환점입니다.

성공적인 IPO를 위한 준비 과정과 로드맵은 최소 1년에서 2~3년이 소요되는 장기적인 프로젝트이며, 크게 사전 준비 단계, 심사 및 공모 단계, 상장 및 사후 관리 단계로 나눌 수 있습니다.

1. IPO 준비 로드맵 및 단계별 주요 활동

단계	기간(평균)	주요 활동	핵심 목표
사전 준비 (Pre-IPO)	상장 목표 1~3년 전	대표주관회사 선정 및 계약 체결 기업 실사(Due Diligence) 및 상장 요건 검토 회계기준 변경(K-IFRS) 및 지정 감사 내부통제 시스템 및 지배구조 정비	상장 적격성 확보 및 재무/경영 투명성 강화
상장 예비 심사	약 2~3개월	상장예비심사청구서 제출 한국거래소의 심사 (기업 계속성, 경영 투명성 등) 심사 승인 통보	거래소의 상장 승인 획득
공모 (IPO 실행)	약 3~4주	증권신고서 제출 및 효력 발생 기업설명회(IR) 개최 기관 투자자 수요 예측 및 공모가 확정 일반 청약 및 납입	신주 발행 및 자금 조달 성공
상장 및 사후 관리	공모 후 약 5영업일 이후	신규 상장 신청 및 매매 개시 상장사로서의 공시 및 보고 의무 이행 SOX(내부회계관리제도) 등 컴플라이언스 준수	주식 거래 개시 및 공개 기업으로서의 의무 이행

2. 단계별 세부 준비 내용

1) 사전 준비 단계(Pre-IPO)

가장 중요하고 시간이 오래 걸리는 단계이며, 기업은 상장 요건을 충족하고 공개 기업으로서의 체계를 갖추는 데 집중해야 합니다.

| 대표 주관회사(증권사) 선정 및 계약 체결

IPO의 성공적인 진행을 위해 가장 먼저 신뢰할 수 있는 주관사를 선정하고 계약을 체결합니다.

주관사는 기업 실사, 가치평가, 공모 구조 설계, 증권신고서 작성 등 전 과정을 총괄합니다. (통상 상장 예비 심사 청구 2개월 전까지 계약 필수)

| 기업 실사(Due Diligence) 및 개선

주관사, 회계법인, 법무법인 등 전문가들이 상장 요건 충족 여부를 다각도로 검토하고 미비점을 진단합니다.

- **재무적 개선:** 국제회계기준(K-IFRS)으로의 재무제표 전환, 지정 감사 준비 및 회계 투명성 확보.
- **비재무적 개선:** 독립적인 기업경영을 위한 지배구조 정비, 이사 회 구성, 내부통제 시스템(SOX) 구축, 정관 및 내부 규정 정비.

| IPO 전담팀 구성

재무, 법무, 공시, IR 등을 담당하는 사내 전문 인력을 지정하고 외부 전문가와의 협력 체계를 구축합니다.

2) 상장 예비 심사 단계

사전 준비를 통해 상장 요건을 갖춘 기업이 한국거래소에 상장해도 적합한지를 심사받는 과정입니다.

- **상장 예비 심사 청구:** 준비된 서류를 한국거래소(KRX)에 제출합

니다.

- **심사 진행:** 거래소는 기업의 계속성(영업/재무 상황, 사업 지속 가능성), 경영 투명성(지배구조, 내부통제), 공익 실현 및 투자자 보호 등을 종합적으로 심사합니다.
- **심사 결과 통보:** 심사 청구일로부터 영업일 기준 약 45일 이내에 결과가 통보되며, 승인이 나면 공모 절차로 넘어갑니다.

3) 공모 단계(IPO 실행)

투자자를 대상으로 주식을 공개적으로 판매하고 자금을 조달하는 단계입니다.

- **증권신고서 제출:** 금융위원회에 공모 계획과 투자 위험 등을 기재한 증권신고서를 제출합니다. 이는 투자자 보호를 위한 절차이며, 제출 후 15영업일 경과 후 효력이 발생합니다.

| 기업설명회(IR) 및 수요 예측

- 기관 투자자들을 대상으로 기업설명회(IR)를 개최하여 기업의 비전과 가치를 설명합니다.
- 기관 투자자들의 희망 가격 및 물량을 접수하는 수요 예측(Book Building)을 통해 최종 공모가를 결정합니다.
- **일반 청약 및 납입:** 확정된 공모가로 일반 투자자 및 우리사주조합을 대상으로 청약을 진행하고 주금을 납입합니다.

4) 상장 및 사후 관리 단계

IPO 절차의 최종 목표인 증권시장 상장과 이후 공개 기업으로서의 관리를 의미합니다.

| 신규 상장 신청 및 매매 개시

- 공모 청약 결과를 바탕으로 한국거래소에 신규 상장 신청서를 제출합니다.
- 승인 후 주식이 증권시장에 상장되어 매매가 개시됩니다.

| 상장 후 의무 이행

- 정기/수시 공시 의무 이행.
- 내부회계관리제도(SOX)를 지속적으로 운영하고 관리.
- 주주총회, 이사회 등 기업 지배구조 및 경영 투명성을 유지 및 강화합니다.

정부/정책자금 활용 방안

정부 및 정책자금은 기업의 성장 단계별 자금 수요를 맞추고, 기술 개발, 창업, 수출 등 특정 정책 목표를 달성하기 위해 정부와 공공기관이 제공하는 금융 및 비금융 지원 수단입니다.

일반 금융권 대출 대비 저금리, 장기 상환, 우수한 조건이 특징이며, 그 종류가 매우 다양하므로 기업의 상황에 맞는 전략적인 활용이 중요합니다.

1. 정책자금의 주요 유형 및 특징

정부/정책자금은 크게 4가지 유형으로 분류되며, 기업은 자신의 목적에 따라 적절한 유형을 선택해야 합니다.

유형	성격	지원 목적	주요 기관
융자 (대출)	저금리, 장기 상환 조건의 대출 (상환 의무 있음)	운전 자금(인건비, 원자재), 시설자금(설비, 공장), 재도약 자금 등	중소벤처기업진흥공단 (중진공), 소상공인시장진흥공단 (소진공)
보조금 (출연 /지원금)	사업비의 일부를 무상으로 지원 (상환 의무 없음)	기술 개발(R&D), 사업화 자금, 시제품 제작 등	중소벤처기업부, 창업진흥원, 기술보증기금(기보)
보증	대출 시 필요한 담보/신용을 공공기관이 대신 제공	금융권 대출의 문턱을 낮춤	신용보증기금(신보), 기술보증기금(기보), 지역 신용보증재단
바우처	특정 서비스(컨설팅, 마케팅, 인증 특허 등)를 구매할 수 있는 쿠폰 형태	전문 서비스 활용을 통한 경쟁력 강화	중소벤처기업부 (수출 바우처, 혁신 바우처 등)

2. 정책자금의 주요 분야별 종류

기업의 성장 단계 및 필요 목적에 따라 맞춤형 정책자금을 활용할 수 있습니다.

1) 창업 및 사업화 지원

분야	주요 사업 예시	목적
창업 지원	예비/초기/창업 도약 패키지, TIPS(민간 투자 연계)	창업 초기 자금 지원, 멘토링, 사업모델 검증
기술 창업	청년 전용 창업자금(융자)	만 39세 이하 청년 창업자 대상 저금리 대출
소상공인	소상공인 정책자금(융자), 성장기반자금	소규모 기업의 경영 안정 및 성장 촉진

2) 연구개발(R&D) 및 기술 혁신

분야	주요 사업 예시	목적
R&D 지원	중소기업 기술 혁신 개발사업, 구매 조건부 신제품 개발	신기술 및 제품 개발에 필요한 연구개발 자금 지원(주로 보조금)
기술 보증	기술보증기금(기보) 보증	우수 기술력을 보유한 기업의 금융 조달 지원

3) 시설 및 운전 자금(융자)

분야	주요 사업 예시	목적
시설자금	중진공 시설자금 (융자)	공장 건축, 기계설비 도입, 토지/사업장 매입
운전 자금	중진공 운전 자금 (융자)	원자재 구입, 인건비, 마케팅비 등 기업 운영 비용
재도약 자금	재도약 지원 자금 (융자)	일시적 경영 위기를 겪는 기업의 회복 및 경영정상화 지원

3. 정책자금 활용을 위한 성공 전략 및 팁

1) 철저한 사전 준비 및 전략 수립

① 자금의 성격 이해: 융자는 상환 의무가 있으며, 보조금은 자유로운 사용이 불가능하고 정해진 용도(협약서 기준)로만 사용 후 엄격한 정산이 필요함을 숙지해야 합니다.

② 적절한 타이밍: 매년 초 통합 공고를 확인하여 연간 계획을 세우고, 예산 소진이 빠른 인기 자금은 사업 시작 전에 미리 신청해야 합니다.

③ 성장 단계별 접근

- 초기 창업: 창업 패키지(보조금)를 통해 사업화 자금 및 멘토링을 확보하고, 청년전용창업자금(융자)으로 초기 운영자금을 마련합니다.

- 도약/성장기: R&D 자금(보조금)으로 기술력을 확보하고, 운전자금/시설자금(융자)으로 생산 규모를 확대합니다.

2) 사업계획서 및 서류 작성 노하우

- **사업계획서의 논리성:** 지원 기관은 기업의 기술성, 시장성, 성장성을 평가합니다. "무엇을(아이템), 왜(문제점), 어떻게(해결 방안), 얼마나(성과 지표)"를 데이터와 논리적 근거를 기반으로 구체적이고 명확하게 작성해야 합니다.

- **자금 용도의 구체화:** 신청 자금을 어디에, 언제, 왜 사용할지(자금 운용 계획)를 항목별로 명확히 나누고, 이 계획이 회사의 재무 예측(현금흐름표)과 일관되도록 작성합니다.

- **우대 조건 적극 활용:** 여성 기업, 장애인 기업, 지역 특화 산업 기업, ESG 경영 기업, 혁신형 기업 등 정부 정책에 따른 우대 기업에 해당하는지 확인하고, 이를 신청 서류에 적극적으로 명시해야 합니다.

3) 주요 정보 검색 및 활용 채널

플랫폼	주요 기능
K-Startup(창업진흥원)	창업 단계별 정부 지원 사업 통합 공고 확인 및 신청
기업마당(중소벤처기업부)	중앙 부처 및 지자체 다양한 지원 사업 공고 통합 조회
중소벤처 24	정책자금, 창업 교육, 사업 신청 등 중소기업 지원 통합 포털
중소벤처기업진흥공단 (중진공) OLMS	정책자금 융자의 온라인 신청, 자가 진단 및 상세 정보 제공
보조금24	중앙 부처 및 지자체의 개인/기업 보조금 통합 검색

법률 및 지적재산권(IP) 관리 전략

중소기업이 중견기업으로 성장하는 것은 단순히 외형적인 규모(매출액, 자산 규모, 직원 수 등)의 변화를 넘어, 적용되는 법률과 규제의 범위가 확대되고 지적재산권(IP)의 중요성이 극대화되는 질적인 변화를 의미합니다.

중견기업으로의 성공적인 전환을 위해 기업은 다음의 법률 및 IP 관리 전략을 사전에 구축해야 합니다.

1. 법률 및 컴플라이언스 관리 전략(Legal & Compliance)

중소기업 지원 혜택이 사라지고, 대기업에 준하는 규제가 적용되므로 법적 리스크 관리 시스템을 구축해야 합니다.

1) 중견기업 법규 및 규제 준수

- **중견기업 특별법 적용:** 중소기업 졸업 시 '중견기업 성장 촉진 및 경쟁력 강화에 관한 특별법' 등의 적용을 받게 되므로 관련 의무 사항을 점검해야 합니다.
- **공정거래법(독점규제 및 공정거래에 관한 법률) 대응:** 기업 규모가 커지면서 시장 지배적 지위 남용, 불공정 거래 행위, 하도급법 위반 등에 대한 공정거래위원회(공정위)의 감시와 규제가 엄격해집니다.
- **내부거래 투명성 강화:** 계열사 간 거래, 특수관계인과의 거래 등 복잡한 거래 구조에 대한 법적 검토 및 투명성을 확보해야 합니다.

- **표준 계약서 정비:** 하도급, 대리점 등 거래 시 사용하는 계약서와 약관이 공정거래법에 위배 되지 않도록 표준화하고 정기적으로 업데이트해야 합니다.
- **노동법 및 인사 관리:** 기업 규모 확대로 인한 노동조합 설립, 대규모 근로자 해고 등 복잡한 노동 이슈에 대비하여 노무 관리 시스템 및 직무 발명 보상 규정 등을 선제적으로 정비해야 합니다.

2) 기업 지배구조 및 리스크 관리

- **지배구조 선진화:** 이사회 구성, 감사 체계 등 지배구조를 경영 투명성 확보에 초점을 맞춰 개선해야 합니다. 향후 IPO 또는 투자 유치 시 기업 가치를 높이는 핵심 요소가 됩니다.
- **내부통제 시스템 구축:** 대규모 재무적/비재무적 손실을 초래할 수 있는 리스크를 사전에 감지하고 예방할 수 있는 내부 감사 및 통제 시스템을 마련해야 합니다. (예: 임직원의 형사사건, 개인정보 유출, 산업 안전 규정 준수 등)
- **계약서 관리 시스템:** 주요 거래 계약서에 관한 법률 검토 이력을 체계적으로 관리하고, 계약조건 변경 시 법적 검토 절차를 의무화해야 합니다.

2. 지적재산권(IP) 관리 및 포트폴리오 전략

중견기업은 기술 경쟁력과 브랜드 가치를 바탕으로 글로벌 시장에 진출하므로, IP를 단순한 보호 수단이 아닌 수익 창출 및 방어의 핵심 무기로 활용해야 합니다.

1) 전략적 IP 포트폴리오 구축

- **IP 확보 로드맵 수립:** 기업의 기술 로드맵 및 사업 확장 계획과 연계하여, 향후 3~5년간 확보할 핵심 특허, 디자인, 상표의 우선순위와 일정을 수립해야 합니다.

- **핵심 특허 방어막:** 시장에서 경쟁 우위를 결정하는 핵심 특허(Key IP)를 중심으로, 경쟁사의 우회 설계(Bypass Design)를 방어할 수 있는 주변 특허(Periphery IP)를 유기적으로 배치하여 포트폴리오를 구성해야 합니다.

- **권리 범위 최적화:** 특허 명세서와 청구항 작성 시, 권리 범위가 너무 좁지 않도록 하여 방어력을 높이고, 분쟁 가능성을 최소화하는 기술/법률적 치밀성을 확보해야 합니다.

2) IP 리스크 관리 및 방어

- **FTO(Freedom to Operate) 분석 강화:** 신제품 개발 또는 신규 시장 진출 전에 경쟁사 및 시장 리더 기업의 특허 침해 가능성을 사전에 철저히 분석하고, 필요시 회피 설계 전략을 수립하여 소송 리스크를 제거해야 합니다.

- **영업비밀 관리 강화:** 핵심 기술과 노하우가 퇴직 임직원 또는 외부 경쟁사를 통해 유출되지 않도록 보안 시스템 및 비밀 유지 계약(NDA) 체결 프로세스를 강화해야 합니다.

- **글로벌 IP 보호:** 해외 진출을 염두에 두고 주요 시장(미국, 유럽, 중국 등)에 대한 해외 특허/상표 출원 및 등록을 병행하여 글로벌 경쟁력을 확보해야 합니다.

3) IP 자산의 수익화 및 활용

- **기술 가치평가:** 보유한 IP를 객관적으로 평가하여 기술 가치를 산정하고, 이를 기반으로 투자 유치, 기술 이전, 라이선스 계약 등을 통한 수익화 전략을 추진해야 합니다.
- **IP-R&D 연계:** 정부 지원 사업인 IP-R&D 전략 지원 사업 등을 활용하여 IP 전문가의 도움을 받아 R&D 결과물이 실제 특허로 이어질 수 있도록 전략적으로 연구개발을 진행해야 합니다.

6부를 정리하면, 중소기업이 중견기업, 나아가 대기업으로 도약하는 가장 빠르고 강력한 방안은 M&A(인수합병)를 통한 급속한 성장에 있으며, M&A를 성공적으로 추진하기 위해서는 기업이 먼저 성장의 기본 토대를 단단히 마련해야 합니다.

1. 중소기업 성장의 기본 토대

중소기업은 지속 가능한 성장을 위해 재무 안정성(매출 1,500억 원 이상, 부채 비율 100% 미만), 효율적인 시스템 구축(ERP, ISO, 데이터 기반 의사결정), 전문 인력 확보(경쟁력 있는 복지와 교육 투자), 기술 경쟁력 확보(R&D 투자 5~10% 및 특허 관리), 그리고 법적/윤리적 경영 준수(컴플라이언스 및 ESG)를 핵심 전략으로 실행해야 합니다. 특히, 시장 확장성을 최우선으로 고려하여 대기업 협력 관계 구축 및 해외 시장 진출을 모색하는 것이 중요합니다.

2. M&A를 통한 성장 동력 확보 및 실전 경험

필자의 실제 경험은 M&A가 매출을 1,000억 원대에서 1조 원대 이상으로 끌어올린 성공 비결이었음을 명확히 보여 줍니다. 특히, 첫 번째 인수 사례에서는 부실 코스닥 기업의 다수 리스크에도 불구하고 시장 확장성에 대한 확신을 바탕으로 과감한 결단을 내렸으며, 이는 운과 타이밍, 임직원의 열정이 결합 되어 급속한 성과를 창출했습니다.

3. 성공적인 M&A를 위한 핵심 전략

성공적인 M&A는 체계적인 12단계 추진 절차를 철저히 준수하는 것에서 시작됩니다.

가장 중요한 성공 요소는 다음과 같습니다.

첫째, 인수 후의 문화 충돌 및 운영 불일치를 막기 위한 PMI(Post-Merger Integration, 통합) 전략을 사전에 수립해야 합니다.

둘째, 재무, 법률 등 잠재적 리스크를 정확히 평가하는 신중한 실사(Due Diligence)가 필수입니다.

셋째, 경영권 확보를 위한 지분 51% 이상 투자를 기본 원칙으로 하며, 인수 후 시설 및 운영자금 투자를 적기에 실행할 수 있도록 충분한 후속 투자자금 여력을 확보해야 합니다. 마지막으로, 최고 경영자는 직감과 더불어 심도 있는 분석을 결합하여 신속한 의사결정을 내리고 PMI 실행을 주도해야 하며, 시스템에 의한 기본 준수가 성공과 실패를 결정함을 잊지 말아야 합니다.

7부

현장 중심 혁신 활동

Part 1. 현장 중심 혁신 활동의 사례

성장의 엔진: 영업의 중요성과 현장경영 혁신

기업의 성장은 궁극적으로 매출과 수익에서 나오며, 이 섹션은 성장의 최전선인 영업 조직의 전략적 역할과 함께, 운영 현장의 효율성(Operational Excellence)을 극대화하는 혁신 활동을 다룹니다.

1. 성장을 견인하는 영업 조직의 역할

현대 영업은 단순히 제품을 판매하는 기능을 넘어, 고객의 문제를 해결하고 새로운 가치를 공동으로 창출하는 전략적 역할을 수행합니다.

- **고객 가치 창출:** 영업은 시장과 고객의 목소리를 기업 내부에 전달하는 전략적 채널입니다. 고객의 숨겨진 요구(Needs)와 문제점(Pain Points)을 파악하여 맞춤형 솔루션을 제시하고, 이를 통해 지속적인 고객 관계(Customer Relationship)를 구축하여 장기적인 매출 성장을 견인합니다.

- **교차 기능적 협업**: 영업 조직은 R&D, 생산, 재무 부서와 긴밀히 협력하여 제품 기획, 가격 책정, 납기 관리에 참여함으로써 전사적 전략 실행의 최전선 역할을 수행합니다.

2. 현장경영 혁신 사례: 낭비 제거와 효율화

운영 현장의 비효율을 제거하고 프로세스를 최적화하는 것은 초저가 원가 기조와 품질 안정성을 확보하는 성장의 기반입니다.

- **린(Lean) 경영 활동**: 고객에게 가치를 주지 않는 모든 활동을 낭비(Muda)로 정의하고 제거하는 데 중점을 둡니다. 재고 감축, 공정 간 대기 시간 최소화, 불필요한 이동 제거 등을 통해 생산 및 운영 프로세스의 속도와 효율을 획기적으로 향상시킵니다.
- **6시그마(Six Sigma) 활동**: 데이터와 통계적 방법을 사용하여 제품 및 서비스의 결함(Defect) 발생 확률을 최소화하고 품질 변동성을 관리합니다. 이는 프로세스의 안정성을 확보하고 고객 불만율을 낮춤으로써 신뢰 기반의 장기 성장을 가능하게 합니다.

3. 서비스 및 품질 혁신: 고객 경험(CX) 개선

시장이 성숙할수록 제품 자체의 차별화가 어려워지며, 고객에게 제공하는 경험(CX)의 품질이 핵심 경쟁력이 됩니다.

- **고객 경험(CX) 개선**: 고객이 기업의 제품/서비스를 인지하고 구매하여 사용하는 모든 접점(Touchpoint)에서의 경험을 체계적으

로 분석하고 개선하며, 신속한 응대, 개인화된 서비스, 쉬운 사용
환경 등을 제공하여 고객 만족도를 극대화합니다.

- **품질 혁신:** 불량률을 낮추는 전통적인 품질 관리를 넘어, 고객의
기대를 뛰어넘는 가치를 제공하는 수준으로 품질 기준을 높이는
혁신을 추구하며, 브랜드 충성도를 높이고 구전 효과(Word-of-
Mouth)를 통해 시장 경쟁력을 확보합니다.

4. 디지털 전환(DX)을 활용한 최적화

디지털 전환(DX)은 영업과 현장 운영 프로세스의 효율을 획기적으
로 높이는 도구입니다.

- **영업 프로세스 최적화:** CRM(고객 관계 관리) 시스템을 도입하여
잠재 고객 발굴부터 계약 완료까지의 영업활동을 데이터 기반으
로 관리하고, AI 기반의 수요 예측을 통해 영업 목표의 정확도를
높이고 자원 배분을 최적화합니다.
- **현장 프로세스 최적화:** 스마트 팩토리(Smart Factory) 기술을 활
용하여 생산 현장의 데이터를 실시간으로 수집 및 분석하고, 장
비 고장 예측, 공정 조건 최적화, 자동화 등을 가능하게 하여 운
영 효율성을 극대화하고 인적 오류를 최소화합니다.

현장 중심 혁신 활동을 정리하면, 구조조정과 영업/운영 현장 혁신
을 통해 기업의 생존과 성장을 도모하는 실전적 방안을 다룹니다.

구조조정은 경영 악화에 대한 수동적 대응이 아닌, 비핵심 자원을

재배치하고 사업 포트폴리오를 최적화하는 전략적 혁신 과정이고, 성공을 위해서는 객관적 데이터 기반의 인력 슬림화와 함께 투명한 소통 및 잔류 직원의 사기 관리 등 '사람 중심'의 윤리적 접근이 필수적입니다.

또한, 성장의 엔진인 영업 조직은 단순 판매를 넘어 고객 가치를 창출하는 전략적 역할을 수행하며, 린(Lean) 경영과 6시그마를 통해 운영 현장의 낭비를 제거하고 품질을 혁신함으로써 원가경쟁력을 확보해야 합니다.

나아가 디지털 전환(DX)을 활용하여 영업(CRM)과 현장 운영(스마트 팩토리) 프로세스를 최적화하여 효율성을 극대화해야 함을 강조합니다.

혁신 활동 지표

도로회사의 공장 작업장도 대주주의 경영이념과는 달리, 그대로 방치되어 있었고, 임직원들에게 열정과 회사의 미래인 비전도 찾아볼 수가 없었고, 최고 경영자(대주주)가 부단히 애를 쓰고 있는데, 그 효과는 거의 없는 것 같이 보였습니다. "위기경영에서 벗어나려면 지금의 경영방식에서 정반대로 가면(경영방식을 전환하겠다는 의미) 되겠구나."라는 생각이 필자의 머리를 스쳤고, 그동안 후퇴했으니 전진하고, 안 되었으니 되게 하고, 상호 존경하지 않고 열정이 없으니, 존경하고 열정을 불어넣으면 되겠다는 생각이 든 것입니다. 어두운 골목에서 벗어나 밝은 대로로 나와 즐겁게 일하는 분위기를 만들 필요가 있었고, 이를 위해 우선 철저한 사내교육을 시행하였습니다.

최고 경영자는 가치관 교육, 임원은 회사의 경영관 교육, 팀장은 해당 팀 관련 전문교육과 협력 사항, 육성시킬 팀원은 주니어보드(청년 중역 회의)에서 제안한 건전한 사례 중심으로 서로를 알리고 소통하는 교육이 그것이며, 그리고 필자는 사내교육을 전 직원이 참여하는 비전 수립이라고 생각했고, 도로회사는 다른 기업과 같이 수주 영업이 중요했고. 우선, 영업 수주(매출)가 앞장서야 하지만. 실제로 매출 성과를 올리면 시간이 필요했으며, 지속적인 관심과 아낌없는 격려가 필요했습니다. 조기 경영 정상화를 위해서는 혁신 활동이 필요했으며, 필자는 임직원의 정신 무장과 함께 분위기 조성을 위한 혁신 활동을 시작하는 데 자문역할을 수행했습니다.

1. 조직 및 인사 확정

2. 사기진작을 위한 승진과 급여 인상

3. 팀별 업무 분장

  1) 팀별 업무 분장(개인별 팀 단위 업무와 인원 산정)

  2) 팀별 또는 팀원별 소요 시간 산정(직무분석 후)

4. 사내교육 시행

  1) 회장 가치관 교육(교안 준비)

  * 교안이 있으면 일관성 있는 교육이고, 없으면 잔소리라고 볼 수 있음

  2) 대표이사와 임원 경영 관련 교육

  3) 팀장 팀 단위 전문성과 소통 교육

4) 팀원 주니어 활동(대리급 이하, 청년 이사회) 사례

* 주 1회 시행-매주 월요일, 주간 경영 회의 시, 사전 공지

5. 비전 수립

1) 사전 안내문, 단계별 홍보

2) 간단한 양식, 사전 준비

3) 사내 워크숍 실시로 5년 비전 수립(핵심 사항) 도로회사 비전
은 5년 내 매출 ○○○억 원, 영업이익률 ○○%로 실행 과정
은 정기적인 점검이 필수

* 정기적인 점검이 없으면, 사상누각(현업에 치우쳐 수행 지연
또는 못함)

6. 3정 5행

1) 취지

(1) 지시나 구체화하지 않은 보여 주기식의 단순 규정이나 기
준 지양

(2) 하나라도 실천해 재무 효과를 얻는 것이 더 절실(품질도
중요하겠지만)

(3) 수주 시 원가경쟁력 제고

(4) 지속 기업경영(개선)을 위해서는 원가경쟁력이 더욱 절
실함

2) 점검 방안

(1) 공장(현장)별 일일 현장 점검(세부 점검표)을 할 수 있는
시스템 구축(제정 또는 개정)

(2) 계정(원가 구성, 세부 항목)별 꼼꼼하고 지속적인 실천력

(눈으로 확인 점검)이 더 필요

3) 세부 실천 방안(일일 현장 점검)

   (1) 설비별 항목별 상태 점검(일일 점검표 체크)

   (2) 초·중·종물 검사

   (3) 원부자재(수율 감소를 위한 기초자료 입수)와 제품 재고 관리

   (4) 불량품 관리 혁신 활동 추진 사례

   (5) 안전관리, 공장 바닥과 설비 및 주위 청결 상태 등

   (6) 조업시간 관리(특히, 출근과 퇴근 준비시간 등)

4) 3정 5행 실천 - 대표이사부터 생산 현장에 투입

   (1) 공정과 작업 실무 경험

   (2) 신입사원은 입사 시 3개월 현장 실습 교육

   (3) 교육일지 기록과 확인 점검 등으로 현장 중심 교육

5) 구호 부착

   (1) 사무동: 실천이 이기는 길이다. 끊임없는 혁신이 살길이다. 단순하게 생각하자. TPM은 품질이다. 즐겁게 일하자. 버리고 채우자. 혁신은 변화의 시작이다. 확! 변하자. 바르고 단순하자. 품질 혁신 좋아, 좋아! 먼저 현장 생각하고 제품을 사랑하자. 품질 혁신 좋아, 좋아. 쓸고 닦고 조여 MY MACHINE 습관화. 도로회사 최고가치는 품질. 도로회사 최고가치는 안전. 고객은 항상 옳다. 작은 것부터 아끼자!

   (2) 사무동 외벽, 공장 출입문: 도로회사 최고가치는 안전과

품질이다. 좋은 부품은 좋은 제품을 만든다. 좋은 회사는 3정 5행부터 시작, 고객 만족은 품질에서 시작, 너도나도 안전제일

(3) 각 공장 생산 현장: 도로회사 최고가치는 안전과 품질이다. 초·중·종물 위기관리 품질 혁신 좋아, 좋아!, 깨끗한 현장에서 최고 제품이 나온다.

(4) 검사반(QC): 최고 품질 Supplier Quality 불량 ZERO! 고객 만족 품질은 내가 책임진다. 도로회사 최고가치는 안전과 품질이다.

(5) 구내식당: 구내식당은 눈에 보이는 임직원 복지의 첫걸음이다. 구내식당의 우선은 청결이다. 식당 내 가장 잘 보이는 장소에 "○○공단에서 제일 깨끗한 식당"이라는 구호를 걸었습니다. 1차 식당 근무자에게 보고 느낄 수 있는 경고이며, 임직원이 보는 눈이 달라졌습니다. 사소한 것 같지만, 복리후생의 첫걸음인 셈입니다.

7. 생산성 향상과 원가 절감을 위한 분임(조) 활동

1) 관리직과 생산직 함께

2) 분임조는 5명 정도

3) 과제는 재무 성과 중심

4) 매주 1회 발표 원칙

5) 성과 보상 약속(대표이사)

8. 회의 문화 개선

1) 월간 조회 시 대표이사께서 직접 경영실적 발표

2) 주간 회의를 주간 경영 회의로 변경하고, 생산적인 양식으로 지속 개선(숫자 중심 자료와 발표로 변경)

3) 회의원칙 수립 - 준수(원칙 부착과 공지 후 준수)

9. 202○년 하반기 사업계획 수립(표준양식을 마련하여 제공)

* 202○년 하반기 계획 대비 상반기 실적(과거 3개년, 상하반기 실적 비교)

* 결산, 팀별 주요 계획 대비 실적(팀별, 미달 내용과 달성 방안)

* 팀별, 개인별 KPI(Key Performance Indicator, 핵심성과지표) 계획 대비 실적

이들 항목(9가지)을 세부내용까지 수립하여 해당 팀장과 임원에게 취지와 내용을 설명한 후, 실행방안을 논의하였으며, 도로회사 전체 임직원과 공유하고, 단계별로 차근차근 실행하고 자문했습니다.

혁신 활동 적용 사례

1. 혁신 활동의 첫걸음을 떼다

혁신(革新, innovation)은 묵은 풍속, 관습, 조직, 방법 따위를 완전히 바꾸어서 새롭게 한다는 의미이며, 혁신은 매우 다양한 분야에서 사용되고, 그 정의도 매우 다양하며, 그 목적도 품질개선이나 원가 절감, 납기 단축, 기술과 생산성 향상에서부터 새로운 시장을 개척하는 부분까지 참으로 다양합니다.

워크숍 이후, 우리는 3정 5행 활동과 TFT 활동, 제안 활동 등 그동안

해 보지 않았던 혁신 활동을 시작하게 되었고, 관리자들은 매일 아침 7시 20분까지 출근하여 8시까지 분임조 활동을 실시하였으며, 매일 오후 3시부터 30분간 3정 5행 활동을 실시하였습니다. 또한, 매주 수요일에는 접수된 제안의 개선안을 논의하는 등 소재 회사에도 변화의 바람이 불었습니다. 하지만 우리는 그 변화의 바람에 쉽게 적응하지 못했고, 혁신 활동의 필요성을 체감하지 못하였으며, 기존의 마인드가 쉽게 변하지 않은 탓이었습니다.

조직 내에 혁신을 방해하는 네 가지 요소가 있습니다.

"지금까지 잘해 왔는데 무슨 혁신이야?" → 조직의 보수성

"그렇게 해서 잘못되면 네가 책임질래?" → 조직의 경직성

"바뀌면 나도 날아가는 거 아니야?" → 변화에 대한 두려움

"바빠 죽겠는데, 동참할 시간이 어디 있어?" → 조직원의 방관

당시 소재 회사의 상황으로 볼 때, 혁신의 주제는 다양했지만, 조직의 보수성이 앞길을 가로막았고, '한번 해 보자'라는 혁신 의지는 있었지만 '오늘 바쁘니까 내일 하자'라는 식의 지속성 결여와 조직원의 방관이 뿌리 깊게 자리 잡고 있었습니다. 아울러 성과 창출의 기대보다 실패했을 때의 처벌을 걱정하고 변화의 두려움이 있었던 것도 사실이었으며, 그해 12월, 혁신 TFT 활동에 대한 CEO 보고를 앞두고 총 6개의 TFT 분임조를 편성하였으며, 조별로 주제를 선정하여 주 1회 미팅으로 주간 활동 내역의 자료를 작성하였습니다.

6시그마 기법을 활용해 TFT 자료를 작성하지만, 부품그룹에서 인수

당시만 해도 PPT를 능숙하게 활용하는 직원이 아주 드물어서 부품그룹의 자료를 참고하여 겨우겨우 자료를 작성하였습니다. 그리고 발표 당일, 지역 상공회의소에서 전 직원이 참석한 가운데 그동안의 활동 사항을 조별로 발표하였고, CEO는 각 조에서 선정한 주제에 깊은 관심을 표명하고, 조별 발표가 끝날 때마다 질문 공세를 하였고, 발표자들이 땀을 뻘뻘 흘리면서 답변하게 했습니다.

그렇게 약 3시간에 걸친 발표가 끝난 후, CEO는 강평을 통해 각 조의 주제에 대해 때로는 칭찬을, 때로는 혹평을, 또한 격려의 말씀과 조언을 아낌없이 하셨고, 마지막으로 다음과 같이 당부하셨습니다.

"처음이라 많이 미숙하지만, 오늘 여러분이 발표한 내용은 모두 소재 회사의 발전을 위해 꼭 필요한 사항이고 해결해야 할 문제이며, 중도에 포기하지 말고 끝까지 물고 늘어져야 하며, '고객은 항상 옳다'라는 생각을 가지고 열심히 업무에 임해 주길 바란다. 소재 회사에 대한 기대가 매우 큽니다."

이날 우리는 혁신 활동의 첫걸음을 떼었고, 시간이 지날수록 TFT 활동은 점점 구체화·체계화되고 전사적인 활동으로 자리 잡게 되었으며, 그해 TFT 활동으로 약 10억의 원가 절감을 달성하게 되었습니다.

2. 여러분의 소리를 듣겠습니다 - 제안제도

"제안 활동이 제대로 이루어지지 않으면 그 회사는 죽은 회사다." - 소재 회사 대표이사

필자는 기업을 경영할 때, 개선 활동의 원동력이 되는 것이 제안제도라고 생각합니다. 아무리 잘나가는 기업도 현실에 안주하고 현상

유지에 급급하면 오래 버틸 수 없으므로 모든 기업은 끊임없이 혁신해야 살아남을 수 있으며, 회사는 제도나 프로세스를 개선하고 변화하기 위해 지속해서 노력해야 하는데, 여기에 근로자들을 동참시키는 방법의 하나가 바로 제안제도이며, 제안을 계기로 사소한 것이라도 개선하도록 유도해 회사의 발전을 도모하고 혁신 활동이 습관화될 수도 있고, 제안제도를 운영하려면 몇 가지 유의해야 할 대목이 있습니다.

첫째는 될 수 있으면 전원 참여를 유도하여 많은 제안을 할 수 있도록 해야 하며, 그러기 위해서는 적절한 보상 제도를 마련하고, 다소 얼토당토않은 제안이라도 무시하면 안 되며, 제안한 직원에게 보상할 때, 우수 제안에 대한 포상만큼 중요한 것이 가장 많이 제출한 직원의 포상입니다.

둘째는 꾸준히 제안제도를 이어 나가야 하고, 제안제도는 효과도 크지만, 회사가 지불해야 할 반대급부도 만만치 않고, 회사는 비용을 부담하면서 운영하는 제도인데, 거기서 나오는 제안들이 신통치 않으면 효과가 없다고 판단하여 흐지부지되는 사례가 많습니다. 하지만 습관이 되지 않으면 좋은 아이디어가 나올 수 없어 꾸준한 참여와 습관화를 바탕으로 많은 제안 중에서 뛰어난 아이디어가 나오도록 해야 합니다.

셋째는 좋은 제안이 나오면 이를 다른 부서에도 전파할 수 있는 시스템을 구축해야 하며, 우수 제안을 얼마나 경영 성과에 활용할 수 있느냐는 제안제도가 장기적으로 회사 발전에 도움이 되도록 하기 위해 필수적으로 검토해야 할 사항입니다.

소재 회사는 그해 10월부터 제안제도와 혁신 TFT 활동을 꾸준히 전개했지만, 곧 흐지부지되어 명맥만 유지할 뿐이었고, 그 원인을 분석해 보니, 직원들이 제안해도 그 제안이 채택되었는지, 어떻게 진행되고 있는지 피드백이 전혀 이루어지지 않았고, 개선 효과와 절감 금액을 돌출하기 어려워 제안을 포기하는 사례가 있음을 알게 되었습니다.

더불어 회사도 비용 투자 부담으로 제대로 적용하지 않았으며, 최다 제안자의 포상도 없이 원가 절감이나 생산성 향상 등의 목적에 국한되다 보니 제안 건수가 자연스럽게 줄어들었고, 제안제도 활성화를 위해 새로운 구심점이 필요하였습니다. 그해 7월 다음과 같이 제안제도의 변화를 꾀하게 되었습니다.

첫째는 원가 절감이나 생산성과 업무 능률 향상을 위한 제안 외에도 극히 일반적인 건의 사항도 제출하게 하였고,

둘째는 사무실 여직원들에게 제안 담당업무를 맡겨 홍보·접수하게 하고, 월례 조회 때 월간 제안 현황을 발표하게 하였습니다, 그러자 여직원들은 구내식당에 제안 현황판을 만들어 개인별 제출 건수와 팀별 제출 현황을 한눈에 알아볼 수 있도록 하였으며, 자연스럽게 개인 간, 팀 간에 경쟁심을 유발하는 효과를 가져왔습니다.

셋째는 제안 제출 건수와 채택 건수에 따라 확실한 포상을 시행하였고, 매월 25일에 집계하여 제출 건수와 채택 건수에 50:50의 비중을 두어 1등부터 3등까지 월간 제안 왕으로 선발해 상을 주었으며, 처음에는 1등만 선출하여 30만 원 상당의 보상을 지급했는데 직원들의 반응이 썩 좋지 않아 1등 30만 원, 2등 20만 원, 3등 10만 원의 상품권을 추가로 지급하게 되었습니다.

아울러 제출한 모든 직원에게 한 건당 1,000원씩 지급하고, '제안 왕

중왕 타이틀'을 만들어 그동안 채택된 제안 중에서 개선 효과가 가장 좋은 아이디어를 내놓은 직원에게는 연말 종무식 때 100만 원의 포상금을 주었고, 이런 노력으로 말미암아 제안 제출 건수가 그해 5월 23건에서 8월 50건으로 2배가 증가했으며 이후에도 매월 50건 이상 꾸준히 제출되어, 그해 12월, 전 직원 매월 1건 이상 제안 접수 목표인 총 100건이 접수되었고, 제안 왕은 누가 될지 사뭇 귀추가 주목되었습니다.

"직원이 입을 열면 조직이 춤을 춘다."라는 말이 있습니다. 직원이 회사 발전에 관심을 가지고 끊임없는 개선안을 내놓을 때, 회사가 그 목소리에 귀를 기울여 경청하고 소통한다면 지속해서 개선해 나갈 것입니다. 소재 회사의 미래는 매우 밝다고 감히 자신 있게 말할 수 있게 되었습니다.

3. 모든 것을 공개 - 투명 경영

투명 경영은 경영상 이루어지는 일들을 주주나 직원이 알 수 있도록 전부 공개하는 것이며, 자기 회사의 자산과 부채, 차입금, 손익 현황 등 재무 상태를 알고 있는 직원이 얼마나 있을까? 재무를 담당하는 관련 부서를 제외하고는 모르는 직원이 대부분일 것입니다.

그에 반해 소재 회사는 매월 월례 조회를 열어 전 월 매출, 생산, 품질, 손익 현황을 직원들에게 공개하고 있으며, 이렇게 전반적인 회사의 상황을 공개하는 이유는 잘한 점을 칭찬하고 미흡한 점을 다 같이 반성하여 더욱 분발하자는 의미도 있지만, 한편으로 '소재 회사는 여러분의 회사'라는 자부심을 심어 주고 '소통 경영과 열린 경영'을 하려는 대표이사의 의도도 포함되어 있고, 다른 기업들도 매월 초 월례 조회에서 대표이사의 경영 현황 발표와 공지 사항을 전달하겠지만 소재 회사의 월례 조회는 분명히 다른 부분이 상당히 많았고, 앞에도 언급했듯이 모든 회사 현황을 전 직원들에게 투명하게 공개하는 것과 관리직에 한해 매월 독후감을 발표하도록 하는 것이 바로 그것입니다. 이를 좀 더 설명하자면, 대표이사가 두 달마다 경영 관련 책을 구입해 관리자들에게 지급하고 월례 조회 때 순번을 공개적으로 정하여 독후감을 발표하게 하였습니다.

경제, 경영, 마케팅 관련 내용이니 솔직히 말해 술술 읽히지도 않고 업무에 지쳐서 퇴근 후 책을 펼치기가 쉽지 않은 일이나, 독후감을 발표한 임직원들의 말을 들어보면, 그 스트레스가 이만저만이 아니라고 합니다. 5분간의 짧은 발표 시간이었지만, 발표자로 지목되는 관리자는 누구나 절로 울상이 되고, 발표 일주일 전부터 안절부절못했으며, 그리고 발표가 끝나는 순간 온갖 시름을 털어 낸 얼굴이 되어, 다음 발표자로 지목된 관리자를 불쌍하다는 듯 쳐다보며 웃었습니다. 하지만 이런 활동을 통해 경영 관련 지식을 습득하고 업무 능력을 한 단계 성장시킬 수 있다는 사실을 잘 알기에 불평불만을 하는 임직원은 아무도 없었고, 더불어 매월 다양한 주제의 영상물 감상으로 직원들의 마인드 향상을 고취했으며, 이는 우리 회사만의 고유한 문화로 자리 잡아갔고, 업무협력과 소통에도 좋은 효과가 있었습니다.

작은 것부터 아끼자 - 1원 아끼기 운동

기업경영에서 매출과 수익성 향상도 중요하지만, 내부적으로는 생산성 향상, 불량 감소, 원가 절감도 피할 수 없는 과제이며, 고질적인 로스와 만성 불량으로 낭비되는 비용이 많았습니다. 원가 절감을 위한 컨설팅과 혁신 TFT 활동을 계속했지만, 하루아침에 쉽게 해결될 수는 없었고, 먼저 직원들이 절약하는 습관을 생활화할 필요가 있었습니다. 즉, 퇴근 시 전기 플러그를 뽑지 않아 소모되는 대기전력, 현장에 버려지는 장갑, 한 번 쓰고 버리는 종이컵 등 어찌 보면 사소한 것이지만 큰 비용을 줄이려면 자기 주위의 작은 것을 낭비하는 습관부터 고칠 필요가 있었습니다.

소재 회사는 일명 '작은 것부터 아끼자!!!'라는 캠페인을 시행하게 되었으며, 이 캠페인의 주요 내용은 종이컵 아끼기, 대기전력 줄이기, 잔반(먹고 남은 음식물) 줄이기, 이면지 사용하기 등 절약을 습관화하자는 것이었습니다. 우리는 캠페인 문구를 담은 현수막을 사무동, 생산 현장, 구내식당에 부착하고 구내식당에는 잔반 그래프를 붙여 일일 잔반 처리량을 한눈에 볼 수 있도록 하였고, 사무실에서는 종이컵 대신 개인 컵을 사용하고, 마지막 퇴근자는 전기 플러그를 뽑고 퇴근하게 하였으며, 현장에 지급되는 장갑은 기름 장갑 외에는 모두 세탁해 사용하게 하였으며, 물론 이런 활동을 한다고 금세 부자가 되는 것은 아니지만, 캠페인을 시행해 직원들의 의식 변화를 꾀하고 절약이 몸에 배게 해 조금이나마 회사 발전에 기여하고자 했습니다.

우리는 '작은 것부터 아끼자' 캠페인을 시작으로 '불량 감소 캠페인', '3정 5행 캠페인', '미인대칭(미소, 인사, 대화, 칭찬) 캠페인' 등 수많은 캠페인 활동을 이어 나갔고, '1원 아끼기 운동'은 소모품(장갑, 종이컵 등)을 구입할 때는 수량을 1개씩 줄이고, 수량을 줄일 수 없는 품목은 단가를 1원씩 깎으며(절감하며), 급여 지급 시 1,000원 미만 금액을 절삭해 그 수익금으로 불우이웃을 돕자는 취지였습니다.

다행히 거래처의 협조와 임직원들의 반응이 호의적이어서 첫 달에는 약 1백만 원을 절약했고, 그해 12월 말까지 총 5백만 원의 기부적립금을 모금해 소재 회사 임직원 명의로 경기도 ○○시 ○○동에 소재한 장애인을 위한 '○○○○의 집'(중증지체장애시설)에 기부하는 기쁨을 누릴 수 있었습니다.

이런 캠페인(혁신) 활동이 전시 행정이 아니냐고 지적하는 일부 사람들도 있을 것입니다. 하지만 소재 회사는 캠페인 활동을 펼쳐 그동안 의식하지 못했던 작은 것을 아낌으로써 절약하는 습관을 배웠고, 자신이 절약한 돈으로 불우이웃에게 도움을 줄 수 있다는 데 자부심을 느끼게 되었습니다.

현장 중심 혁신 활동을 다시 정리하면,

기업의 생존과 성장을 위해 전략적 구조조정과 영업 및 운영 현장의 혁신을 핵심으로 제시합니다. 구조조정은 비핵심 자원을 정리하고 미래 성장에 재배치하는 전략적 과정으로, 객관적 데이터 기반의 인력 슬림화와 사람 중심의 윤리적 접근을 통해 추진되어야 합니다.

또한, 성장의 동력인 영업 조직의 전략적 역할을 강화하고, 린 경영과 6시그마로 현장의 낭비를 제거하여 원가경쟁력을 확보하며, 디지털 전환(DX)을 통해 전반적인 프로세스의 효율성을 극대화해야 합니다.

구조조정: 위기를 기회로 바꾸는 고통스러운 혁신

구조조정(Restructuring)은 경영 상황 악화에 대한 수동적인 대응이 아닌, 기업의 생존과 미래 성장을 위한 전략적이고 능동적인 혁신 과정이며, 이 과정은 단기적으로 고통을 수반하지만, 기업의 체질을 개선하고 새로운 도약의 기반을 마련합니다.

1. 구조조정의 전략적 필요성

성공적인 구조조정은 비효율적인 자원을 제거하고 핵심 역량에 집중함으로써 조직의 경쟁력을 근본적으로 강화합니다.

| 비효율적인 자원의 재배치

만성적인 적자를 내거나 시장성이 낮은 비핵심 사업 부문(Non-Core Business)을 과감히 정리합니다.

이때 확보된 자본, 인력, 시간을 미래 성장의 핵심 동력(예: R&D, 신사업 진출, M&A)에 집중적으로 재배치하여 자원의 가치 창출 능력을 극대화합니다.

| 사업 포트폴리오 최적화

경영 환경 변화에 맞춰 현재의 사업 포트폴리오를 진단하고, 기업의 비전과 전략에 부합하는 사업에 선택과 집중을 단행합니다.

복잡한 조직 구조와 중복 기능을 슬림화하여 의사결정 속도와 민첩성(Agility)을 향상시키고 시장 변화에 빠르게 대응할 수 있는 조직 체계를 확보합니다.

2. 실제 구조조정 사례 분석

성공적인 구조조정은 감축 자체보다 어떤 기준과 방법으로 실행했는지에 따라 결정됩니다.

| 성공적인 인력 및 조직 슬림화 방법

- **객관적 진단:** 업무량 분석(Workload Analysis) 및 직무 가치 평가를 통해 구조조정의 대상과 범위를 객관적인 데이터에 기반하여 설정합니다.
- **기능 재설계:** 단순히 인원을 줄이는 것이 아니라, 핵심 가치를 창출하는 프로세스를 재설계하고, 불필요한 중간 관리 계층을 제거하여 조직의 수평적 커뮤니케이션을 활성화합니다.

| 구조조정 과정의 핵심

- **투명한 기준:** 감원 대상 선정 시 성과(Performance) 및 미래 기여도를 주요 기준으로 삼아 공정성 논란을 최소화합니다.
- **명확한 비전 제시:** 구조조정 이후 살아남은 조직이 무엇을, 어떻게 달성할 것인지에 대한 명확한 새로운 비전을 제시하여 직원들의 동기 부여를 재점화합니다.

3. '사람' 중심의 구조조정: 투명한 소통과 윤리적 접근

구조조정의 부작용을 최소화하고 잔류 직원들의 사기를 유지하려면 '사람' 중심의 윤리적 접근이 필수적입니다.

| 투명한 소통과 신뢰 구축

구조조정의 불가피한 이유와 목표를 경영진이 직접, 솔직하고 투명하게 직원들과 소통해야 하고, 소문과 추측으로 인한 조직의 불안감과 동요를 막고 경영진에 대한 신뢰를 유지하는 핵심입니다.

| 윤리적 접근을 통한 부작용 최소화 방안

- **충분한 보상 및 지원:** 법적 기준 이상의 퇴직 보상 패키지를 제공하고, 재취업 지원 서비스(Outplacement), 직업 훈련 및 교육 프로그램 등을 제공하여 퇴사자가 새로운 삶을 계획할 수 있도록 인간적인 배려를 다 해야 합니다.
- **잔류 직원 사기 관리:** 구조조정 후 잔류 직원의 업무 부하를 객관적으로 평가하고, 합리적인 재배치 및 보상 시스템을 적용하여 조직에 남은 직원들의 사기 저하와 핵심 인재 이탈(Turnover)을 방지하는 노력이 병행되어야 합니다.

경영개선 및 사업부 매각

요약 및 주요 성과

- **경영개선 목표:** 전체 차입금의 절반 수준 감축을 통해 조기에 경

영개선을 달성하고자 함.

- **매각 성과:** 입사 약 1개월 만에 1개 사업부 매각을 성공적으로 추진하여, 시작 후 약 40일 만에 매각 대금 계약금을 수령하고, 그해 6월 말에 최종 계약 체결.
- **재무 효과:** 매각 대금은 전체 차입금 중 1/3 이상 상환 가능하며, 담보대출을 제외한 신용 차입금 대부분을 상환할 수 있는 규모로, 회사 운영자금 확보에 크게 기여함.
- **협상 결과:** 대주주가 원하는 가격 이상으로 최종 협상을 완료하여 성공적으로 매각을 마무리함.

매각 추진 과정 및 전략

1. 내부 정보 수집 및 보안 유지

신입 경영 고문으로서 집행 권한이 없는 상황에서, 회사 내부 자료와 금융감독원 전자공시시스템의 감사보고서 등을 통해 경영 현황을 파악.

M&A 추진은 대외비 원칙에 따라, 임직원에게는 철저히 비밀을 유지하며 진행.

2. 매각 대상 및 방법 검토

매각 방법과 가능 금액에 대해 많은 시간을 할애하여 고민.

- **매각 전략:** 인수자의 편익을 최대화하고 의사결정을 용이하게 하기 위해, 기업분할(분사) 후 인수 방안을 긴급 제안. (조세 및 가업

승계 혜택 제공)

3. 예비 인수자와의 협상 및 지원

대주주의 주선으로 예비 인수자를 만나 협상을 시작. 대주주의 1차 목표는 자금 문제 해결을 위한 조기 양도였음.

- **적극적인 자료 제공:** 예비 인수자가 요청한 자료의 2~3배수를 신속하게 수집·정리하여 제공. 이는 인수 실무자가 보고서를 쉽게 작성하고 최고 경영진의 의사결정 시간을 단축하는 데 결정적인 역할.
- **상대방 편의 제공:** 인수 예비자의 내부 검토 시간을 벌 수 있도록 통상적인 단순 의견과 검토 내용을 정리해 제공.
- **가격 협상:** 대주주와의 협의 끝에 원하는 가격을 확인하고, 최종 협상에서 대주주 희망 가격 이상으로 매매가 합의 도출.

계약 체결 및 후속 조치

- **계약 체결:** 매각 관련 업무 시작 약 40일 만에 계약금 수령(매각 총액의 10%). 그해 6월에 최종 계약 체결.
- **인수 기업의 활동:** 계약 후 인수 자산(토지, 건물, 기계설비, 지적 재산권 등) 점검 및 인력 승계를 위한 면담, 손익분기점 산출 등 사업 추진계획 준비.
- **잔금 및 경영지원:** 최종 가격 결정 후 대금 결제는 신속히 처리될 예정이며, 인수 자재 사업 공장 가동 정상화까지 도로회사에서

경영지원을 제공하기로 합의.

결론 및 향후 계획

- 이번 1개 사업부의 성공적 매각은 회사에 위기를 기회로 삼을 수 있는 발판을 마련해 줌.
- 동년 7월부터는 매각과 동시에 새로운 출발을 해야 하는 중요한 시기임.
- **개인의 소회:** 우연한 기회와 간곡한 기도가 작용했지만, 자료 준비와 협상에서 최선을 다해 후회 없는 결과를 만들었으며, 어떤 일이든 최선을 다하는 것이 중요함을 다시금 확인함.

매각 예상 대금은 전체 차입금 중 1/3 이상은 상환 가능한 금액이고, 담보가 제공된 장기차입금(담보대출)을 제외한 신용 차입금 대부분은 거의 상환될 것 같았고, 필자만의 단순한 생각이었고, 차입금이 절반으로 축소되면, 조기에 경영은 개선될 것으로 믿게 되었습니다. 다만, 실행 시기와 방법에서 조금씩 다른 것이 전체를 다르게 할 수도 있고, 코로나19 사태로 모든 기업이 어려운 시기인데, 특히 3D 업종인 제조업은 더 어려운 시절이었습니다.

필자는 어느 업체에게 매각이 가능한지 고민하기 시작했는데, 매각 방법과 매각 가능 금액에 많은 시간을 할애했고, 도로회사의 1개 사업부를 양도하는데, 계획이 구체화하기 전까지는 일반 임직원에게 알릴 수도 없는 비밀 내용이고(일반적으로 M&A 추진 시 임직원의 충동이나 변수 관계로 구체화하기 전까지는 대외비), 게다가 필자는 신입 직원이고 집행 권한이 전혀 없는 경영 고문이므로 회사의 경영 현황을 제대로 파악할 수 없었습니다.

회사 내에서 눈에 보이는 자료나 금융감독원 전자공시시스템에 공시된 감사보고서 등을 모으고 또 모았고, 미래가 불확실한 기업의 M&A는 현재 근무 중인 임직원에게 보안 유지는 철저해야 한다는 비밀의 원칙을 피할 수 없기 때문이고. 대주주가 양수 가능한 업체가 있으니, 필자에게 만나자고 하셨고, 입사 1개월 내 일이었습니다.

예비 인수자가 도로회사를 방문할 때, 양수 의지는 없어 보였지만, 정황상 인수할 수밖에 없는 사업구조라는 것을 직감했고, 인수하고자 하는 기업은 판매업이 주업이지, 제조업 관련 경험이 부족해, 인수하려는 의욕은 어느 정도 있어 보였으며, 필자는 인수 예비자가 요청한 자료의 2배수 이상을 제공하기 위해 신속하게 자료를 수집·정리해 자세하게 설명해 주었습니다.

인수 예비자의 내부에서 자료 검토와 준비할 시간을 벌 수 있도록 상대방에서 작성 검토할 내용과 통상적인 단순 의견까지도 정리해 주었고, 상대방은 필자가 제공한 자료를 선별해서 의사결정을 할 수 있었을 것이며, 관건은 매매가격입니다. 대주주가 원하는 가격을 협의한 끝에 양도 금액에 관한 대주주의 생각을 어느 정도 알게 되었고, 대주주는 자금 문제로 무조건 조기 양도가 1차 목표였습니다. 어느 정도 양수도 가능성이 있어 보이자, 대주주는 양도 가격에 관심을 두고, 약간의 욕심을 부렸고, 상대방과 최종 협상 끝에 다행히 도로회사의 대주주가 원하는 가격 이상으로 협상을 마칠 수 있었습니다.

일을 시작한 지 약 40일 만에 1개 사업부 양도 대금 계약금을 받게 되었고, 인수한 기업은 직접 출장을 나와 인수 자산(토지, 건물, 기계설비, 지적재산권 등)의 상태를 물건별로 점검하고 생산설비인 기계장치의 정상 작동·이상 유무는 물론 작동 방법에도 관심을 두고 있었으며, 1개 사업부를 인수한 기업도 자산 인수 후, 인력 승계를 위한 면담을 비롯한 손익분기점 산출과 사업 추진계획을 준비하고 있었습니다.

고민을 거듭하면 하나의 방법이 나올 수 있다고 기대하며, 우연한 기회에 우습게 해결되는 것이 바로 일이고 사건이라는 것을 살면서 경험했으며, 하지만 우연히 성사되더라도 결과는 매우 중요하고, 한 사람에게 작은 일이라도 쉽게 넘기면 후회하는 경우가 허다하고, 필자는 최선을 다하면 후회는 없을 것으로 믿습니다. 간곡한 기도를 들어주었는지 도로회사를 우연히 방문한 동종업체 모기업의 회장에게 매각 의사를 간접적으로 제안하였는데, 그분이 공장경영과 공장 대지 면적에 지대한 관심을 보이기 시작했습니다. 일을 추진하는 데 순서는 있겠지만, 계획 중인 큰 틀(big frame) 안에 있다면, 급할 때는 급한 대로 대처하는 것이 최고인 것 같습니다.

매각 방법은 인수자의 편익을 최대한 제공해야 의사결정을 쉽게 할 수 있을 거라는 생각이 앞섰습니다. 인수자에게 조세 관련 혜택과 가업 승계에 유리한 점이 많은 기업분할(분사) 후, 인수가 더 유리할 것 같아 인수 예상 업체에 기업분할의 장단점을 자료화하여 긴급 제안했으며, 진행 중인 사업부의 매각이라는 단순 사건이 쉽게 풀릴 듯한 좋은 예감이 들었고, 인수 예상 업체가 제반 정보 1(하나)을 원한다면, 필자는 2~3배의 자료와 정보를 제공해 인수 예상 업체의 인수 실무자가 상사에게 보고할 때 보고 자료를 더 쉽게 정리할 수 있게 했고. 인수 관련 보고서를 작성하는데 많은 시간과 지혜를 보탤 수 있게 하였습니다.

이처럼 인수 예상 업체의 최고 경영자나 대주주에게 쉽게 보고할 수 있도록 필요한 자료가 제공되어 단시간에 의사결정을 할 수 있게 된 것이며, 양도업체 사업에 관한 기본 지식과 관련 재무 자료 등이 이미 공개되어 있고, 각종 문제점에 대해서도 많은 정보를 가지고 있었습니다. 그러나 인수 예상 업체는 인수하려는 업체의 모든 정보를 파악하는데, 오랜 시간이 걸리므로 적극적인 실무자가 없으면, 다른 업무 추진 등으로 본의 아니게 자료를 제대로 준비하지 못하여 스스로 인수를 포기하는 사례도 종종 발생할 수 있습니다.

인수 예상 업체의 대주주가 인수 가격을 최종적으로 결정하겠지만, 인수 예상 업체의 대표이사가 약 ○○○억 원으로 잠정 수긍한 것 같았고. 다만, 기계설비 중, 자체 제작분의 증빙과 타당성 검증은 필요했습니다. 2~3일 후 최종가격 등을 결정하여 연락해 주겠다고 하므로, 대금 결제는 가능한 신속히 처리할 예정이고(부동산과 재고자산은 ○○%, 기계설비 등은 가동 점검 후 바로 대금 지급), 인수하는 자재 사업 공장 가동은 정상화될 때까지 경영지원을 부탁했고, 도로회사도 인수 예상 업체에서 지원 요청 시 가능하다고 답변했으며, 부동산과 기계설비, 재고자산 관련 매매계약서는 인수 예상 업체에서 초안을 작성하고, 도로회사에서 요청 사항을 반영키로 했습니다.

세부 내용은 도로회사의 서울 본사에서 협의하기로 했고, 필자가 일을 시작한 지 어느덧 한 달이 되었습니다. 공장 작업 현장과 재무제표와 일부 임직원 면담과 관련된 현황을 살펴보니, 어느 정도 할 일이 있음을 알게 되었고, 입사 초기에는 최고 경영자는 물론 임직원들의 얼굴에 밝은 미소를 찾아볼 수가 없었고, 매각은 관심을 가진 지 불과 1개월 만에 이루어졌는데, 그해 6월에 계약이 체결되었습니다.

물론 계약과 동시에 매각 총액의 10%를 매각 대금으로 받았고, 운영자금 측면에서는 마른 땅에 단비가 내린 셈이다. 그해 6월 말이 되면, 매우 안타깝지만, 그동안 함께 했던 일부 임직원과 아끼던 자산 일부가 양수자에게 넘어가고, 1개 사업부의 양도는 임직원이 느끼는 매우 크나큰 변화였으며, 도로회사는 이 시기에 위기를 기회로 삼아야 하므로, 7월부턴 1개 사업부 매각과 동시에 새로운 출발이 필요했습니다.

리더 역할과 책임

기업의 분사 또는 매각 등의 이유로 그동안 함께 지냈던 임직원이 떠나 가면 그에게 따뜻한 마음을 느끼게 할 필요가 있습니다. 비록 멀리 떠나지는 않겠지만, 가슴속에 도로라는 자랑스러운 회사에 다녔다고 생각하게 해야 하며, 이를 위해 면담을 실시하여 따뜻한 위로의 말을 전하고 보내는 회사의 사정에 관해 설명할 필요가 있고, 이젠 과거는 잊고 이제부터 다시 시작한다는 메시지가 꼭 필요하고, 새로운 전진을 공유해야 새로운 힘이 생길 것이고, 영업부의 새로운 각오 속에 목표설정은 더욱 중요합니다.

차입금 ○○○억 원을 고려하면, 영업 수주 목표액은 ○○○억 원(재료 비율 ○○% 시, 최소 ○○○억 원)이고, 이를 달성하기 위한 장단기 수주 전략이 필요하고, 기업 생명의 젖줄인 영업 부서의 사기진작도 중요하며, 직원 대상 정기적인 면담을 수행하여 경청하고, 그들의 애로사항을 해결·지원해 주어야 하며, 조직변경, 우수 직원 진급, 급여 현실화가 필요합니다. 업무 분장에 따른 확실한 목표설정과 실행도 필수적입니다.

필자는 임원들에겐 확실한 목표를 부여하면, 책임 경영에 따른 계획 대비 실적 달성이 가능할 것으로 내다보았고, 리더는 리더다워야 하고 리더다운 일을 해야 하며, 재무적인 성과를 내야 합니다. 리더다운 모습을 하나씩 갖추고, 리더답지 않은 모습을 버려가면서 되고 싶은 리더에 근접하는 것이 바람직합니다.

과거의 커리어 코스와 관계없이 리더가 되기 위한 노력을 혼자만 해서는 안 되고, 주변과 함께 노력할 수 있어야 하며, 부족하고 미흡한 모습을 보인다고 해도 그걸 덮어 주거나 감싸줄 여러 사람을 만나 함께 성장할 필요가 있습니다. 더불어 각자가 리더다운 리더가 되는 코스를 밟고 있다고 생각하고 있어야 합니다. 현재 선두에 선 리더와 그를 따르고 있는 이들도 마찬가지다. 리더가 더 좋은 리더가 되기 위해 노력하고 있기 때문입니다.

부품그룹에서 근무할 당시의 사례 중 하나인, 학력에 비해 제법 똑똑한 영업부 책임자(차장급, 이후에 사장으로 승진)가 있었는데, 직장 생활을 장기간 하다 보면, 사람 보는 판단 기준은 적용 가능한 세부 자료를 만들어 설명하기가 어렵지만, 통상 느끼는 제반 사항은 말로는 다할 수 없는 그런 측면이 있을 수 있습니다. 사람의 탤런트(Talent)에 따라, 소위 월급쟁이가 있고, 사업가의 기질이 있습니다.

필자는 그가 향후 사업가로 성장할 수 있겠다고 생각했고, 탤런트가 있거나 가능성이 있는 직원에겐 사업에 관한 분명한 전략과 경쟁력이 존재하며, 신입사원처럼 사사건건 간섭 아닌 간섭을 하게 되면 직원의 사기는 추락하게 됩니다. 물론 매 건 동일 선상에서 점검·정리해 주고 경영 관련 지도가 필요한 직원도 분명히 있고, 직원들이 일을 하지 않는 것 같지만, 필자는 그렇게 느끼지 않습니다. 날마다 콩나물시루에 물을 주면, 물이 콩나물시루에 머물러 있지 않고, 시간이 지나면 콩나물은 성장하는 걸 볼 수 있는 것과 같은 이치일 것입니다.

학교에 다닐 때 1등이나 2등을 한 사람이 반드시 성공한다고 장담할 수는 없고, 가령 60명 중 50등을 했더라도 성공한 사람은 얼마든지 발견할 수 있습니다. 학교 공부는 기초를 다지는 과정이라고 생각하며. 사회에 나가면 공부 잘하는 사람보다, 남자의 경우 정확한 판단과 배짱이 있는 사람이 성공하는 사례가 더 많이 있습니다. 직장에서 특히 연구직은 많은 시간을 그냥 보내는 사람보다 집중력이 더 중요하고, 머리 좋은 사람보다 집중력이 있는 사람이 이기며, 집중력이 있는 사람은 항공기를 타고 내리는 국제공항에서 독서하다가 그 책에 빠져 비행기를 놓치는 사례도 있다고 합니다. 그만큼 집중력이 있다는 증표입니다.

필자는 도로회사의 영업 책임자에게 자금 동원 능력이 있는 동업자와 함께 도로회사를 인수하는 방안을 제시했고, 인수 전략으로는 일시 인수나 단계별 인수(자금과 업무 추진계획 검토)를 검토하되, 가격 경쟁력을 위해 소수정예의 인력으로 구성하면 수주 경쟁에서 유리하겠다고 설명했습니다. 현재의 직책에서 열심히 일하든지 아니면 다른 방안을 모색하기 위한 전략이기도 했습니다. 이는 영업에 더 충실하기 위한 충격요법이기도 했다. 월급쟁이는 직원일 뿐이고, 월급쟁이가 잘나간다고 해서 주인(대주주) 행사를 하면, 언젠가는 욕을 먹고, 자기의 분수는 스스로 알아야 하며, 그것이 현명한 판단일 것입니다. 본인의 생각대로 일을 하려면 주인이 되어야 하고, 잘나갈 때일수록 만사에 조심하고 스스로 통제해야 하며, 월급쟁이가 이룬 것 같지만, 잘 된 것은 주인(대주주)의 몫으로 생각해야 합니다. 개인의 잘된 일을 자랑하면, 돌고 돌아 결국은 주인(대주주-회장)의 귀에 들어가고, 그 반대도 그렇습니다. 기존의 올바르지 못한 경영 습관을 버리지 못하면서 좋은 기업으로 가겠다는 단순 욕심, 즉 혁신하겠다는 근본적인 자세가 없는 매우 안타깝게 하는 행동입니다. 기업경영의 근본은 기본 준수이고, 분명한 방향 설정, 즉 일관되게 추진하는 직장인의 기본자세가 중요합니다.

세계 1등도 불안하고, 불안을 해소하는 방법은 지속적인 혁신뿐입니다. 혁신은 혼자 하는 것이 아니라 함께 해야 아름다운 소리가 들리며, 더 아름다운 소리를 듣기 위해 우리는 보이지 않는 변화와 혁신으로 달려가야 합니다. 기업에서 중요한 것은 사람(인재)이고, 전문 경영자가 잘하기 위해 자기의 뜻을 펼치려고 하더라도 대주주의 생각과 다르면 사상누각이 될 수 있다는 점이 무엇보다 중요합니다. 사람은 쉽게 변하지 않는다고 하며, 특히, 중소기업의 대주주(회장, 창업자)는 자기의 경영 철학이 확고하기 때문이고, 대주주의 그릇에 맞는 기업의 크기라고 할 수는 없지만, 아주 틀린 말은 결코 아닙니다.

기업의 분사 또는 매각 시 리더의 역할은, 리더는 회사의 제반 사정 등으로 분사 또는 일부 사업 매각 시, 정보를 투명하게 전달하여 직원들의 궁금증을 해소해야 하며, 임직원들의 감정에 공감하고, 그들이 느끼는 불안과 걱정을 이해시켜야 합니다. 특히 떠나는 직원들에게 새로운 일자리를 찾을 수 있는 지원과 도움을 제공해야 하며, 직원들과 소통을 계속 유지 및 의견을 수렴해야 하고, 어려운 상황에서도 직원들을 끌어나가야 합니다. 이러한 역할을 수행하는 리더는 직원들의 신뢰를 얻을 수 있으며, 어려운 상황에서도 조직의 안정성을 유지는 물론 기업 발전에 기여할 수 있을 것이며, 경영 고문의 역할은 업무의 실행과 집행을 하는 것이 아니라, 사안에 따라 제안이나 조언을 하는 것입니다.

향후 경영은 경영자의 몫이고, 도로회사는 필자와 의논하였던 방향과 내용을 토대로 적극적인 경영혁신 활동을 펼쳐 단기적으론 좋은 경영 성과를 달성하고, 장기적으론 지속 가능한 경영활동을 할 수 있기를 기대합니다.

임직원과의 소통

필자는 임직원 면담(면담일지를 작성, 통계화된 자료는 경영층과 공유)을 시행해 임직원과 소통하면서 함께 갈 수 있도록 준비했고, 사내교육은 대주주(회장)부터 해야 한다고 여러 차례 강조하였고, 교육 내용은 도로회사의 가치관 교육, 대표이사는 경영 이론과 경영 사례(사업계획 추진계획과 집행 실적), 임원은 경영 사례, 팀장은 팀 단위의 전문성과 팀 간 소통을 위한 협력 관계, 팀원은 주니어 활동을 통한 사례 중심으로 이루어졌습니다.

사무실에 들어서면 한마디로 직원들의 표정이 어두운 것을 알 수 있었습니다. 왜, 그럴까 자세히 살펴보니, 일(수주부족에 따른 매출 부족)은 거의 없는데, 일(최고 경영자의 행정적인 업무 지시로 매출 증가와 관계없는 업무)이 많았고, 과거 실적 대비 정부 발주 공사 감소 등의 원인으로 매출이 계속 줄어 당기 매출과 생산량은 바닥인데, 직원들은 매우 바쁘다는 점이 의아하게 생각했으며, 절대적인 매출이 늘어야 바쁜 것이 원칙인데, 일(매출과 생산)도 없는데 바쁘다니 정말 이해가 되지 않았습니다.

필자는 최고 경영자가 많은 일(매출 부진과 적자 요인 등)을 지시했기 때문에 일이 늘어나는 것으로 진단했으며, 결과적으로 바쁜 직원만 바쁘지. 대다수 직원은 한가하고, 팀원은 거의 손을 놓고 팀장이 일을 거의 다 했습니다. 팀장이 팀원에게 일을 지시하거나 주문하지 않았고, 팀장이 팀원에게 설명할 시간이 있으면, 팀장이 그 시간에 직접 일을 하면 된다는 사고가 팽배했습니다. 팀 간 업무 분장이 명확하지 못하여 중복된 일이 계속되고 있었고, 팀별 중복된 이중 업무와 중요도에 따라 일을 줄여줄 필요가 있었습니다. 필자는 임직원의 호응에 따라 긍정적인 마인드로 전환한 후, 3정 5행과 관련된 구호 부착과 제조공장 전체 임직원이 참여하는 활동 계획을 추진했습니다.

생산성 향상을 위한 원가 절감 활동으로는 각종 생산과 품질 관련 경영관리 지표를 설정해 목표 관리 계획과 정기적인 점검계획을 세웠고, 회의 문화 개선을 위해 나열식 발표에서 계획된 경영지표에 따른 계획 대비 실적 관리로 전환했으며, 비전 수립을 위해서는 전체 임직원의 공감대 형성이 매우 중요하고, 효과적인 리더십을 발휘하는 데는 칭찬이 최고이므로 부하직원, 동료 직원, 상사, 자녀, 가족 등 주변에 있는 직원들의 단점이 아닌 장점만 골라 적어 놓고 칭찬하는 방식을 적용했습니다.

필자는 상대방에게 신뢰를 주고 동기를 유발하려면 칭찬하는 것이 최선이라고 생각하며, 경영조직에 생기를 불어넣으려면 '미인대칭(미소, 인사, 대화, 칭찬)'을 우선 시행하는 것이 필요하며, 미인대칭은 조직을 살리는 데 '성공 DNA(Deoxyribonucleic acid, 유전자의 본체)'가 될 것이고, 성공하는 조직은 바로 당신이 내뿜는 미인대칭이라는 생생한 활력소를 목표로 경영자의 의지와 함께 자랄 수 있고. 혁신계획 수립과 동기 부여는 경영상 효과가 발생하는 데 도움이 되었습니다.

필자는 직장인으로 마음속에 떳떳하고 효율적인 혁신 활동을 진행해 임무를 성공적으로 완수하고 박수를 받으며 떠나는 경영자가 되고 싶다는 작은 희망을 품고 있었습니다. 소크라테스(Socrates)는 광장에서, 거리에서, 지위나 재산, 나이와 상관없이 많은 사람과 대화하고 토론했고, 그는 사람들에게 끊임없이 질문을 던지고 대답을 듣고 또다시 질문을 던졌으며, 이런 과정을 통해 사람들이 스스로 자신의 무지를 깨닫게 되어 "나는 스스로 진리를 낳지는 못하지만, 다른 사람이 진리를 낳는 것을 도울 수 있다." 소크라테스는 사람들에게 직접 지혜를 가르치는 것이 아니라, 대화를 통해 스스로 지혜를 얻도록 도왔으며, 산파는 산모가 아이를 낳을 때 옆에서 도와주는 역할을 하는데, 스스로 지혜를 터득하도록 도와주는 소크라테스의 문답법이 산파술로 불리는 이유이며, 이처럼 소크라테스의 문답식 산파술은 소통이 무엇인가를 다시 한번 깨닫게 해주었습니다.

공감대 형성

우리는 지금 영업 수주가 절실하고 매우 중요하여, 매출이 손익분기점 연 ○○○억 원보다 훨씬 많이 부족하기 때문이고, 극복 방안은 우선 영업팀을 믿고 신뢰하는 것입니다. 일단, 영업팀이 수주할 수 있는 분위기를 마련하여 영업팀 직원들의 사기를 올려주는 것이다(진짜로 미워도 다시 한번…). 첫째 연간 수주(매출) ○○○억 원 이상을 하던가, 아니면 조직(관리 임직원 축소)을 줄일 수 있다면, 최대한 축소 후, 재구성하던가, 말씀드리기에 곤란하지만, 대주주가 평생 일구어 놓은 도로 사업이라 정말 아쉽지만, 도로 사업과 자재 사업 모두 매각 대상(법인 매각 또는 자산매각 등)이며, 어느 길로 가실 것인지, 꼼꼼히 생각하여 큰 방향을 설정해야 합니다.

그렇지만 힘내시길 바라며, 이제라도 중병에 걸린 것을 알았으면 전략적이고 혁신적인 치료(개선)를 해야 하고 전체 임직원의 고통 분담이 따라야 한다. 위의 사항은 필자가 대주주에게 영업의 중요성을 강조하면서 제안한 내용이며, 크나큰 회생이 없으면 서류상의 혁신이지 실현되는 경영 성과를 기대할 수는 없으며, 우선은 전폭적인 영업지원과 적극적인 영업활동으로 수주 확대가 필요한 시점이었고, 당장 실효성이 나타나지 않더라도 장단기 관점에서 기업의 미래와 현재 상황을 탈피하기 위해 영업의 중요성을 수차례 강조하였습니다.

경영혁신 순서 중, 가장 중요한 것은 임직원의 공감대 형성이며, 직원들의 자존감을 높여 주는 것이 첫 거름입니다.

마른 거친 땅에 사랑의 단비를 내려 주는 것이고, 가벼운 마음으로 공감대 형성(자존감)을 위해 '미인대칭'을 시행하면 어떨까? 한번 생각해 보자? 임직원 상호 간 밝은 얼굴로 미소, 먼저 인사하기, 소통을 위한 따뜻한 대화(욕은 안 하기, 혹, 성질나서 욕했을 경우 미안하다고 사과하기 등), 작은 일에도 비난이 아닌 사랑이 담긴 칭찬이 그것입니다.

혁신을 추진한 사람들은 가장 먼저 위기의식을 조성해야 한다고 말하나, 위기의식을 조성하기 전에 필요한 것이 커뮤니케이션이며, 이를 토대로 구성원들의 불만을 알고, 그것을 귀담아듣고 해결할 때 종업원 사이에 신뢰가 구축되고 혁신에 참여할 수 있는 마음가짐이 생겨날 수 있을 것입니다. 예컨대, ○○중공업의 사례가 그랬다. 일방적으로 비전을 설정하고 따라오라고 했을 때는 공감대가 형성되지 않아 직원들이 제대로 참여하지 않는 상황이 발생했으나, 최고 경영층이 한 팀이 되어 변화된 프로그램의 필요성을 직원들에게 설명하고, 직원들의 생각을 기초로 둔 비전을 설정하자 혁신 조치에 참여하겠다는 분위기가 조성되었습니다.

이는 상호 간 공감대가 형성됐기 때문이고, 이처럼 처음에는 무조건 구성원들과 만나 많은 대화를 나누는 것이 중요하며, 이를 통해 신뢰가 형성되면 조직의 실상을 알리고 따라오게 만드는 것이 무엇보다 중요합니다. 경쟁과 산업 환경 내에서의 여러 가지 태도 변화에 관한 정보를 모든 구성원에게 제공해 위기의식과 함께 기회 전환의 계기로 삼아야 하며, 필자는 상호 신뢰와 위기의식을 조성된 후 비전을 설정하고 공감대를 형성하는 것이 올바른 순서라고 생각합니다.

비전에는 여러 가지 내용을 담을 수 있고, 지금까지 답습했던 조직의 방향이나 관행이 달라질 수 있도록 새로운 패러다임을 제시할 필요가 있으며, 이를 통해 구성원의 생각이나 의식을 바뀌어야 하고, 비전을 통해 마음가짐을 새롭게 하며, 잘해 보자는 긍정적 의식을 갖도록 해야 하며, 또한, 비전은 어떻게 다른 조직과 차별화시키고 어떻게 고객 지향적일 수 있을 것인가에 초점을 맞추어 내용을 설정해야 합니다. 특히 이 단계에서 중요한 지점은 공감대를 형성함으로써 참여 의식을 불러일으키는 것이고, 구성원들을 혁신에 참여시키기 위해서는 이런 혁신 활동을 바탕으로 구성원들에게 돌아가는 혜택이 무엇인지 그 구체적인 내용을 제시하는 것도 중요합니다.

○○화재는 고객들에게 서비스를 제공하는 것을 가장 중요한 전략적 요소라고 생각했고, 어떻게 하면 서비스를 향상할 수 있을지에 초점을 두었으며, 종업원들에게 서비스의 중요성을 일깨워 주었으며, 서비스를 향상하기 위해 다양한 인센티브를 제공하면서 종업원들의 마음가짐을 긍정적으로 바꿔 나갔습니다.

비전을 설정하고 나면, 비전을 달성하기 위한 전략적 과제와 구체적인 프로그램이 필요하고, 프로그램은 전략적 과제에 기초를 두고, 여러 가지 장·단기 목표를 종업원들에게 할당해서 목표가 달성될 수 있도록 행동계획이 수립돼야 합니다. 목표를 설정할 때는 사람들을 너무 오래 기다리게 해서는 안 되고, 단기간에 성과를 낼 수 있는 중간목표를 설정하여 단계별 성공을 경험함으로써 "아, 이렇게 하니까 우리도 되는구나."라는 의식을 심어 주는 것이 바람직합니다.

○○전기초자는 코스트 리더십(Cost Lesdership)을 중요하게 생각했고, 어떻게 하면 원가를 절감할 수 있는지에 실행의 초점을 두고, 각자 해야 할 행동에 관한 계획을 수립했으며, 기술개발도 원가 경쟁의 하나로 바라봤습니다. 결국 경영혁신의 성공에 가장 중요한 점은 비전과 목표에 기초를 둔 방향 설정이며, 상세한 정보 공유로 조직 구성원 전체가 일체감을 형성하며, CEO의 솔선수범으로 종업원의 사기를 고취시키는 것입니다.

 * 출처(네이버): 이코노믹리뷰(2006.4.28.) 노부호 교수 자료 일부
   참고

새로운 제안

필자는 도로회사 경영 고문으로 취업하여 새로운 업무(경영 고문)를 수행했고, 대주주의 동종업계 업력이 상당했던 회사였습니다. 계속 성장하다가 동종업종 간에 치열한 수주 경쟁(가격경쟁)이 매출 부진과 운영자금 부족으로 연결되어 경영상 어려움을 겪는 듯했고, 특히, 수주가 부족하다 보니 매출 대비 인건비와 각종 경비 등 고정비 부담으로 운영자금이 부족해 보였고, 직원 급여 경비사용의 지연 정산 등의 이유로 임직원의 사기는 찬물을 끼얹는 것 같이 보였습니다.

기업경영에서 기본 준수가 첫 번째 순서라고 믿고, 운영자금 부족을 해결해야만 이 회사의 경영 정상화가 가능할 것 같았으며, 운영자금을 마련하기 위해 2개 사업 부분 중, 1개 사업 부분을 양도하기로 검토한 후, 대주주에게 단순 제안을 했더니 생각이 거의 같았고, 어떻게 하면 단시간 내에 적자 경영에 허덕이는 경쟁력이 없는 사업부를 매각할 수 있을까 고민했습니다. 사내 인적자원을 살펴보면, 필자가 협의할 임직원은 없었고, 임직원들은 다들 바쁘다고 입에 달고 다녔으며, 어떤 업무를 신속하게 추진하려면 밥상 이론을 떠올릴 필요가 있었습니다.

밥을 짓는 동안에 국과 반찬을 동시에 준비하는 것이 좋다고 생각하고, 밥과 국, 그리고 반찬을 따로따로 준비하면 그만큼 시간이 오래 걸리고, 경영할 때는 운동경기 중 농구를 생각하며, 한마음으로 전원 공격 전원 방어입니다. 누구는 관리(방어만)한다고 뒤에 있고 뛰는 선수만 뛰면 공격 측면에서 효율적인 성과를 낼 수 없는 이유이며, 필자는 새로운 마음으로 혁신 활동을 시작했습니다.

　도로회사의 대주주를 직접 만나 "회장님의 회사는 소문으로는 재무 구조가 튼튼하고 성장하면서 제법 이익이 나는(흑자 발생) 기업으로 알고 있었는데, 최근 회사가 매우 어렵게 되었음을 알게 되었고, 월급쟁이는 급여가 거의 전부이겠지만, 현재 매출 부족으로 자금 사정이 어려우니, 매월 받는 급여는 적게 받고, 향후 실적과 경영 성과에 따라 성과보수를 받겠다."라고 먼저 제안했으며, 성과보수는 일반적으로 기업체의 회장(대주주)이 선호하는 보상법이 될 수도 있고, 성과는 측정하기가 매우 난해할 수도 있지만, 가능하면 오해와 문제 소지를 해결하는 차원에서 근로(연봉) 계약 시 측정 방법을 구체화(수치화)하는 것이 서로에게 좋은 선택 방법이라고 생각합니다. 다른 회사의 경영 고문 계약기간이 남아 있어, 한동안은 주 1회 출근 조건이었습니다. 매주 월요일 주간 회의나 조회 등이 있어, 매주 월요일이 좋겠다고 해서 그렇게 하겠다고 협의했으며, 계약조건으로 입사서류(이력서, 자기소개서, 업무 추진 계획서 등)를 제출했고, 도로회사에 출근하게 되었습니다. 도로회사 입사 전, 금융감독원 전자공시시스템 홈페이지에 있는 최근 감사보고서를 꼼꼼히 살펴보았고, 자체 경영분석과 현재 원자재 가격급등과 수급 방안, 2개 사업 부분 구분 손익에 따른 개선 여부의 심층 검토 분석 후, 잠정 해결 방안으로 1개 사업부를 매각(매각예상액 ○○○억 원)해 재무구조(특히, 차입금 일부 상환)를 개선하자고 제안했습니다.

8부

위기 대응과 리스크 관리

경영 위기 예측 및 조기 대응 시스템 위기관리(Crisis Management)는 기업의 생존과 장기적인 성장을 위협하는 내외부 리스크에 대해 선제적으로 대비하고, 위기 발생 시 피해를 최소화하는 체계적인 활동입니다. 예측 시스템 구축은 위기관리의 첫걸음입니다.

Part 1. 경영 위기 예측과 조기 대응 시스템 구축

경영 위기 예측 및 조기 대응 시스템

위기관리(Crisis Management)는 기업의 생존과 장기적인 성장을 위협하는 내외부 리스크에 대해 선제적으로 대비하고, 위기 발생 시 피해를 최소화하는 체계적인 활동입니다. 예측 시스템 구축은 위기관리의 첫걸음입니다.

1. 경영 위기의 유형 분석

기업이 직면하는 위기는 다양한 형태를 띠며, 유형별로 접근 방식이 달라야 합니다.

- **재무적 위기(Financial Crisis)**: 유동성 부족, 급격한 매출 감소, 부채 비율 급증 등 기업의 자금 흐름과 재정 건전성에 직접적인 타격을 주는 위기입니다(예: 대규모 투자 실패, 핵심 거래처 파산).

- **법률적 위기(Legal Crisis)**: 핵심 규제 위반, 대규모 소송 피소, 준법 경영(Compliance) 실패 등으로 인해 막대한 벌금, 영업 정지, 형사 책임 등이 발생하는 위기입니다.

- **평판 리스크(Reputational Risk)**: 제품 결함 및 리콜, 윤리 강령 위반, 환경 문제 등으로 인해 고객과 사회의 신뢰를 상실하여 기업의 이미지와 브랜드 가치에 치명적인 손상을 입는 위기입니다.

2. 위기 예측 지표(Early Warning Signal) 관리

성공적인 위기관리는 위기가 현실화하기 전에 조기 징후(Early Warning Signal)를 포착하여 대응하는 능력에 달려 있습니다.

- **현금 흐름 모니터링**: 기업의 가장 중요한 생명선인 현금 흐름을 일별 또는 주별로 철저히 모니터링합니다. 영업활동 현금 흐름이 지속적으로 마이너스를 기록하거나, 현금성 자산이 단기 부채를 감당하지 못하는 상황은 재무적 위기의 가장 강력한 초기 징후입니다.

- **핵심 재무 지표 및 비재무 지표**: 부채 비율, 이자보상배율 등 재무 지표의 급격한 악화를 감지하는 시스템을 구축하고, 이와 함께 주요 고객사의 이탈 징후, 핵심 인재의 높은 이직률, 내부 감사 결과의 심각한 문제 등 비재무적 지표도 위기 예측에 활용합니다.

3. 위기 대응 매뉴얼(Crisis Management Plan) 구축

위기 발생 시 우왕좌왕하지 않고 신속하게 대응하기 위해서는 사전 훈련된 체계가 필요합니다.

- **위기 대응팀 구성:** 위기 상황을 총괄 지휘할 최고 경영진 중심의 핵심 대응팀(Crisis Management Team)을 사전에 구성하고 역할을 명확히 부여합니다. (예: 의사결정 총괄, 대외 커뮤니케이션, 법률 자문, 현장 통제 담당)
- **단계별 조치 사항 정의:** 위기 상황을 경고, 발발, 확산, 수습, 복구 등의 단계로 구분하고, 단계별로 누가, 무엇을, 언제 해야 하는지에 대한 구체적인 행동 지침(매뉴얼)을 마련하며, 특히, 대외 투명한 커뮤니케이션 전략을 핵심 조치 사항에 포함해야 평판 리스크를 최소화할 수 있습니다.
- **정기적인 모의 훈련:** 구축된 매뉴얼을 활용하여 정기적인 모의 훈련(Mock Drill)을 실시하고, 위기 대응팀의 숙련도를 높이며 매뉴얼의 실효성을 지속적으로 검증 및 보완해야 하고, 전략적 접근이 필요합니다.

기업의 중단 없는 운영과 핵심 자산 보호를 위해 위기 발생 '이후'의 빠른 회복력과 현대 경영의 필수 방어막인 디지털 보안 체계를 강화해야 합니다.

- **핵심 기능의 신속한 복구:** 비즈니스 연속성 계획(BCP: Business continuity Planning) 위기 대응(Crisis Management)이 위기 발생 시의 피해 최소화에 중점을 둔다면, BCP(Business Continuity Plan)는 지진, 화재, 전산 마비 등 재해 상황에서도 핵심 업무 기능을 유지하거나 최단 시간 내에 정상 수준으로 복구하기 위한 체계적인 절차입니다.

- **업무 영향 분석(BIA) 및 목표 설정:** 기업의 핵심 업무(Critical Functions)를 식별하고, 각 업무가 중단되었을 때의 재무적/비재무적 손실을 분석하여, 복구 목표 시간(RTO) 및 복구 목표 시점(RPO)을 명확히 설정해야 합니다.

- **복구 전략 및 자원 확보:** 핵심 IT 시스템의 이중화 및 정기적인 백업, 대체 근무지 확보, 비상 연락망 및 인력 재배치 계획 등을 수립하고, 재해 복구 시스템(DR System) 구축을 검토해야 합니다.

- **정기적인 테스트 및 훈련:** 구축된 BCP가 실제 재난 상황에서 작동하는지 확인하기 위해 연 1회 이상 모의 테스트 및 훈련을 실시하고 미비점을 보완합니다.

- **디지털 환경 리스크 관리:** 사이버 보안 및 IT 리스크 정보 자산이

기업 가치의 핵심이 되면서, 사이버 공격과 IT 시스템 장애는 법률적, 재무적, 평판 리스크를 동시에 유발하는 중대한 위협이 되었습니다.

- **정보 보호 관리 체계(ISMS) 구축:** 랜섬웨어, 데이터 유출, 해킹 등의 위협으로부터 핵심 정보를 보호하기 위해 접근 통제 강화, 중요 데이터 암호화, 보안 시스템(방화벽, 침입 탐지 시스템) 운영 등 체계적인 정보 보호 시스템을 구축합니다.

- **시스템 이중화 및 백업:** IT 시스템 장애 발생 시 업무 중단을 최소화하도록 주요 서버와 네트워크를 이중화하고, 모든 중요 데이터는 정기적으로 외부 저장소에 백업하여 복구 가능성을 확보해야 합니다.

- **내부통제 및 교육 강화:** 내부 직원에 의한 정보 유출을 방지하기 위해 권한 관리 시스템을 정교화하고, 피싱 및 사회공학적 공격에 대비하여 전 직원을 대상으로 정기적인 보안 인식 교육을 실시합니다.

리스크 최소화를 위한 법률 및 규제 준수

성공적인 성장을 위해서는 공격적인 전략과 함께 견고한 방어 체계가 필수적이며, 법률 및 규제 리스크는 기업의 생존을 한순간에 위협할 수 있으므로, 준법 경영(Compliance)을 통해 이를 선제적으로 최소화해야 합니다.

1. 컴플라이언스(Compliance) 경영의 중요성

컴플라이언스 경영은 기업이 모든 법률, 규정, 윤리 기준을 준수하도록 내부 통제 시스템을 구축하고 운영하는 활동입니다.

- **법률 및 규제 위반 리스크 최소화:** 준법 경영은 막대한 벌금, 영업정지, 경영진 형사처벌 등 법규 위반으로 발생하는 직접적인 재무적, 법률적 리스크를 사전에 방비하는 가장 확실한 방안입니다.
- **지속 가능한 성장의 기반:** 법규 준수를 통해 기업의 윤리성과 투명성을 대외적으로 입증하고, 이는 장기적으로 투자자와 금융기관의 신뢰를 얻어 지속 가능한 성장을 위한 필수 기반이 됩니다.

2. 주요 법률 및 규제 환경 변화 대응

규제 환경은 끊임없이 변화하고, 기업은 경영 활동에 중대한 영향을 미치는 주요 법규에 대한 적극적인 준수 시스템을 구축해야 합니다.

- **중대재해처벌법 대응**: 산업재해를 예방하고 경영 책임자가 안전 보건 의무를 다하도록 안전 보건 관리 체계를 구축하며, 최고 경영진의 책임과 직접 연관되므로, 안전 인력 및 예산 확보, 위험성 평가 및 개선 등의 활동을 시스템화해야 합니다.
- **공정거래법 등 주요 법규 준수**: 담합, 부당 내부 거래, 불공정 하도급 행위 등 공정거래법 위반 소지가 있는 행위를 사전에 감지하고 예방하는 내부 모니터링 및 교육 시스템을 상시 운영하여 법적 리스크를 차단합니다.

3. 기업의 명성과 신뢰를 지키는 평판 리스크 관리

평판(Reputation)은 무형의 가장 중요한 자산이고, 미디어 및 소셜 미디어 시대에 평판 리스크는 빛의 속도로 확산되므로, 위기 시 소통 전략이 결정적입니다.

- **평판 리스크의 전략적 관리**: 제품 결함, 환경오염, 내부 윤리 문제 등 기업의 신뢰도를 훼손할 수 있는 잠재적 리스크를 사전에 식별합니다.

| 미디어 및 소셜 미디어 위기 소통 전략

- **투명성 및 신속성**: 위기 발생 시 정보를 숨기려 하지 않고, 사실만을 신속하고 투명하게 공개하는 것이 신뢰 회복의 첫걸음입니다.
- **통일된 메시지**: 대변인(Spokesperson)을 지정하고, 언론 매체와 소셜 미디어 채널에 걸쳐 일관되고 통일된 메시지를 전달하여 혼

란을 방지해야 합니다.

- **공감과 책임:** 피해자 또는 대중의 감정에 공감을 표하고, 상황에 대한 책임을 인정하며 구체적인 해결 방안과 재발 방지책을 제시함으로써 위기를 기회로 전환하는 전략적 접근이 필요합니다.

제8부 위기 대응과 리스크 관리는 기업의 생존과 성장을 위협하는 재무적, 법률적, 평판 리스크에 대해 선제적으로 대비하는 체계적인 방안을 제시했으며, 핵심은 현금 흐름 모니터링 등 위기 예측 지표(Early Warning Signal)를 관리하여 조기 징후를 포착하는 데 있으며, 위기 발생 시 피해를 최소화하기 위해 경영진 중심의 위기 대응팀 구성과 단계별 조치 사항을 담은 매뉴얼 구축 및 정기적인 모의 훈련이 필수적입니다. 추가로, 재난 상황에서도 핵심 업무를 빠르게 복구할 수 있도록 비즈니스 연속성 계획(BCP)을 수립하고, 디지털 시대의 필수 요소인 사이버 보안 및 IT 시스템 리스크 관리를 강화해야 합니다. 또한, 준법 경영(Compliance)을 통해 중대재해처벌법 및 공정거래법 등 법률 및 규제 위반 리스크를 선제적으로 준수하고, 평판 위기 발생 시에는 투명성, 신속성, 그리고 공감을 기반으로 하는 통일된 소통 전략을 통해 기업의 명성과 신뢰를 지켜야 함을 강조합니다.

생존을 넘어 도약으로, 새로운 시작을 위한 선언

중소기업의 길은 늘 치열하고 고독합니다. 매일 불확실성과의 싸움이며, 변화의 속도는 예측을 불허합니다. 그럼에도 불구하고, 수많은 현장에서 묵묵히 기술을 다듬고, 인재를 키우며, 대한민국 경제의 뿌리를 지탱하는 힘은 바로 여러분, 중소기업가들로부터 나옵니다.

이 책은 그 치열한 현장에서 미래를 준비하는 기업가들을 위한 실전 지침서이자, 새로운 도약을 위한 선언입니다.

이 책을 관통하는 핵심 메시지는 단순합니다. AI 시대, 중소기업이 중견기업으로 도약하는 공식은 '전략적 선택'과 '기본의 힘'에 있다는 것입니다.

① 전략: M&A(인수합병)와 성장의 본질 '생존'은 목표가 아니라 출발점입니다. 중소기업은 단순히 버티는 존재가 아니라, 변화 속에서 끊임없이 배우고 스스로를 혁신해야 합니다. 특히, 성장의 한계를 극복하고 시너지를 극대화하기 위한 전략적 M&A(인수합병)는 중견기업으로의 전환을 가속하는 가장 강력한 수단이

고, 전략은 선택이 아닌 생존의 기술이며, 이 책에서 제시된 모든 원칙은 '작은 기업이 스스로를 변화시킬 수 있는 힘'을 찾기 위한 여정이었습니다.

② 시스템: 효율과 기본 준수의 힘 기업의 경쟁력은 외형적인 규모가 아닌, 운영의 효율성과 시스템의 견고함에서 나오며, 진정한 효율 성은 단순한 비용 절감이 아니라, 사람과 조직의 신뢰에서 비롯된 문화의 문제입니다. 모든 구성원이 한 방향을 향하고, 문제의 원 인을 사람에게서가 아니라 시스템과 기본 준수에서 찾을 때, 그 기업은 이미 중견기업의 체질을 갖추기 시작한 것입니다. 특히 자금 운용의 투명성, 핵심 기술 보호, 법규 준수(Compliance)와 같은 디테일 경영이 바로 지속 가능한 성장의 초석이 됩니다.

③ 지속 가능한 성장, 그리고 사람의 가치 결국 기업은 사람으로 시 작해 사람으로 완성되고, 아무리 뛰어난 전략과 시스템도 그것을 이해하고 실천하는 사람이 없으면 의미가 없습니다. 지속 가능한 성장은 이익을 나누고, 신뢰를 쌓고, 사회와 함께 가는 길에서 비 롯됩니다. 이제 중소기업은 단순한 경제 주체를 넘어 지속 가능 한 사회를 만들어 가는 동반자로 거듭나야 합니다.

도약, 그것은 결국 '마음의 전환'입니다. 중소기업이 중견기업으로 성장한다는 것은 단순히 매출이 늘고 규모가 커지는 것을 의미하지 않습니다. 그것은 경영자의 마음이 변하는 과정, "내가 회사를 키우는 사람"에서 "사람이 회사를 키우는 구조를 만드는 사람"으로 바뀌는 여 정입니다.

이 책이 제시하는 실전적 전략과 현장의 교훈이 그 전환의 길 위에 선 모든 경영자들에게 작은 나침반이 되기를 진심으로 바라는 마음으로 저술했습니다.

여러분의 새로운 도약을 응원합니다.

함께 생각하고 싶은 말씀

"무슨 일을 하든지 마음을 다하여 주께 하듯 하고 사람에게 하듯 하지 말라." 골로새서 3장 23절

"너의 행사를 여호와께 맡기라. 그리하면 네가 경영하는 것이 이루어지리라." 잠언 16장 3절

"두려워하지 말라. 내가 너와 함께 함이라." 이사야 41장 10절

"너희 중에 누구든지 크고자 하는 자는 너희를 섬기는 자가 되어야 하리라." 마태복음 20장 26절

"나는 너희에게 평안을 주노라. 너희 마음에 근심도 말고 두려워하지도 말라." 요한복음 14장 27절

하나님이 나의 빛이며 강력한 보호자이시며 항상 곁에 계십니다.
이 책을 집필하는 데 용기와 지혜를 주신 하나님께 감사드립니다.

항상 곁에서 묵묵히 지켜보고 있는 사랑하는 부인께 정말 사랑한다는 말로 대신합니다. 미국에서 훌륭하게 생활하고 있는 두 아들과 두 며느리, 그리고 귀여운 손녀와 튼튼한 손자에게 이 마음을 담아 사랑

한다는 말을 전합니다. 더불어, 곧 태어날 예비 손자에게도 깊은 사랑
을 보냅니다. 모두가 제 삶의 자랑이며, 정말 사랑합니다.

이 책을 읽으시는 모든 분들의 삶에 하나님의 크신 은혜와 축복이
늘 충만하시길 간절히 기원합니다.